情報を
見抜く
思考法

伊藤惇夫
Atsuo Ito

ビジネス社

まえがき

「決断力は情報によって支えられる」

こういったのは、あの田中角栄氏です。直感の人、感性の人、豪放磊落《ごうほうらいらく》な人のように見えた政治家でしたが、実は極めて繊細、緻《ち》密、理知的な人だったのかもしれません。本書の狙いも、まさにこの言葉にいい尽くされているといってもいいでしょう。この言葉さえ正確に理解し、実践できれば、もうこの本のページを開く必要もないかもしれません。とはいえ、それじゃあ話はこれで終わりということになってしまいますから、もう少し詳しく、丁寧に説明するためには、やはり本文を読み進めてもらわなければなりません。

僕は約三〇年間、俗に「永田町」と呼ばれる政治の世界で仕事をしてきました。そこでは日々、権力をめぐる熾《し》烈な戦いが展開されています。

最近は政界にも、かなり「普通の人」が増えましたが、ちょっと前までの政界は、それこそ怪物や化け物みたいな連中が跳梁跋扈《ちょうりょうばっこ》する「魑魅魍魎《ちみもうりょう》の世界」そのもの。そこで、朝から晩まで一年三六五日、政党、政治家間の騙《だま》し合い、つぶし合い、サバイバル合戦が展開されるわけですから、その中から実に様々な、ライバルとの競争に勝ち抜く技術や「生き残り術」が生まれるのは当然です。
そして彼らの戦いで最も重要な武器となるのが「情報」です。

何しろ政治の世界は、モノを作る場でもなければ、何か形のあるものを売る場でもありません。となると、誰かと戦う際、手にできる唯一の武器が情報となるわけです。それだけに、彼らの世界で磨かれ、活用されてきた情報をめぐる様々なテクニックは、かなり高度化されているといって間違いありません。

一般の人からすると、政界はその実態を容易に窺《うかが》い知れない「別世界」のように見えるかもしれません。しかし、どれほど怪物じみた政治家たちでも、所詮《しょせん》「ただの人間」です。怪物じみた人間たちが編み出した情報活用術や、情報の価値を見抜く技術、そのための思考法の数々は、確かにそのままの形でほかの分野での活用は難しいかもしれません。

ただしちょっとだけ、工夫・加工すれば、ビジネスの世界をはじめとする様々な分野で十分通用する要素を持っています。要はいかに「自分流」にアレンジするか、ということではないでしょうか。

どちらにせよ、それらの術を黙って放っておく手はありません。上手に活用すると、かなり「お得」な技術であること間違いなし。

と思いつつ書いてみた情報の価値、活用法を見抜くための五五のテクニック。まずは覗《のぞ》いてみてください。「弾み」で手に取った拙著が何らかの参考になれば、それこそ「儲けもの」では？

第一章 どんな組織も感情で動く

第二章

すべては論理的に考える

第三章 思い込みを捨てて、疑ってかかれ

第四章 ウォッチする技術

第五章 マクロとミクロの情報力

第六章　他人の視点で想像せよ

第一章

どんな組織も感情で動く

1 総理大臣だって、実は好き嫌いで決まる

突然ですが、鳩山由紀夫氏はなぜ、総理大臣の座を射止めたと思いますか?

答えは「小沢一郎氏の感情」です。小沢氏は二〇〇九年五月、自らの辞任に伴う民主党代表選挙で、当時人気ナンバーワンだった岡田克也氏ではなく鳩山氏を選びました。小沢氏の全面支援を受けて代表選挙に勝利したからこそ、鳩山氏は総理の座に就くことができたといってもいいでしょう。

仮に岡田氏が代表になっていても、民主党が総選挙で圧勝していたことは間違いないから、代表就任イコール総理の座だったわけです。問題は、キングメーカーだった小沢氏が、なぜ岡田氏ではなく、人気度で劣っていた鳩山氏を選んだかという点です。

そこにあったのが、小沢氏の「感情」でした。

仮に小沢氏が感情に全く左右されず、冷徹に目的実現のみを目指す人間だとしたら、人気度で完全に鳩山氏を凌駕《りょうが》していた岡田氏を選んだはず。そのほうが、総選挙での勝利＝政権交代を、より確実にするからです。

でも小沢氏は、あえて鳩山氏を選びました。なぜなら小沢氏は岡田氏が嫌いだからです（しかし以前は高い評価だった話は後述）。小沢氏は自分に意見する人間、自分の指示に従わない人間が嫌いです。過去、側近と呼ばれた政治家が何人も小沢氏と袂《たもと》を分かつことになりましたが、いずれもこのタイプでした。

岡田氏も若いころはある意味「小沢チルドレン」でしたが、その後「原理主義者」と評されるほどの論理優先主義から、小沢氏に対してもはっきりと「ダメなものはダメ」を貫いてきた結果、溝が深まったというわけです。

小沢氏側からすると、岡田氏は「扱いづらい」存在であり、逆に自身の代表時代、文句もいわずに支え続けた鳩山氏は「扱いやすい」存在に思えたに違いありません。小沢氏がそれほど鳩山氏を好いているとは思えませんが、嫌いでないことは確かです。この小沢氏の二人に対する感情差が、岡田氏ではなく鳩山氏に総理の座をもたらしたわけです。結果が成功だったかどうかはいうまでもありませんが。

これは特別なケースではありません。過去に田中角栄氏と大平正芳氏の「奇妙な友情」が、政権の行方に決定的な影響を与えたこともあります。

二人は生まれも育ちも、人間としても、タイプや趣味嗜好も全く対照的です。田中氏は高等小学校卒の成り上がり。金の力で権力を手に入れた、ある意味、立志伝中の人物。頭脳明晰《めいせき》、性格は豪放磊落《ごうほうらいらく》ですが、決して上品な人物じゃありません。一方の大平氏は、生家はそれほど豊かではなかったものの、東京商科大学（現一橋大学）を卒業後、キャリア官僚として大蔵省（現財務省）に入省。エリートコースを歩み、政界へ転身した人物。敬虔なクリスチャンであり、趣味は読書という哲学者タイプです。

どう考えても、この二人が合うとは思えませんが、お互いに自分にないものを相手が持っていると感じたからか、終生の友情を貫いたのは紛れもない事実でした。田中氏が福田赳夫氏と首相の座を争った総裁選では大平氏が、大平氏が福田氏と争った総裁選では田中氏が、それぞれ全面支援することで、二人とも勝利を手にしました。

政界だけではなく、ビジネスの世界だって同じです。

誰もが「あいつは優秀だ」と認める人物だからといって、出世できるか、トップになれるかといえば、そうは問屋が卸しません。人間にも、その人間が構成している組織にも、「感情」があります。すべてが理屈だけで動いているわけじゃないのです。

その「感情」を理解し、いかに自分へと取り込むことができるか。組織に生きる人間の基本能力でもあるのです。

2 人間は「妬み・嫉み・僻み」に左右される動物

あなたの心の中には、常に天使と悪魔がいるはずです。

大半のサラリーマンは、同期が自分より早く出世した時、「良かったな」と素直に思う心とは別に、「何であいつが先に」「どうせ俺は期待されていない」「クソ、先を越された」「失敗しないかな」などといった感情が湧くものです。

そんなことはないと否定した人も、胸に手を当ててください。心の片隅に、三つの「み」が潜んでいるはずです。三つの「み」とは、妬《ねた》み、嫉《そね》み、僻《ひが》みの「三み」です。

しかし、そうした感情を否定する必要はありません。

それが人間の自然な感情であり、そのことをきちんと自覚していれば、様々な場面での対処方法が見えてくるからです。それどころか、三つの「み」をうまく使えば、飛躍、跳躍のバネにすることもできます。

そもそも妬みと嫉みを合体すると、「嫉妬」です。つまり「他人を羨《うらや》む心」。これに対して僻みは、引け目を感じたり劣等感を抱いたりする状態。いずれも、その〝存在〟を逆手にとれば、自分にとってプラスに転換できる感情です。「羨む」気持ちは、その反面「自分もそうなりたい」あるいは「自分だって」と思う向上心が潜んでいるはずだし、僻み＝劣等感は反発心の発生源にもなります。

ナポレオン・ボナパルトは短軀《たんく》という劣等感をバネにして、フランス皇帝の座に上り詰めたことはよく知られています。要は「三み」を自分の中で、いかに上手に使いこなすかということです。

ただしその使い方を間違え、感情のままに露出してしまうと、とんでもない失敗をしでかすことにもなります。

今や野党に転落してしまった自民党で、かつて「総裁候補」との呼び声も高い時期があった加藤紘一氏にとって、嫉妬心から出たあのひと言がなければ、もしかしたら自民党総裁の座、つまりは総理大臣の椅子も手に入っていたかもしれません。

加藤氏は一九九〇年代後半から二〇〇〇年代にかけて、自民党の幹事長を三期連続務めるなど、華々しい活躍ぶりを見せた人物です。その加藤氏を「いずれは総理に」と考え、支えていたのが、当時、党内随一の実力者だった野中広務氏でした。

しかし両者の関係は徐々に冷えていきます。やがて野中氏は加藤氏よりも、二〇〇九年の総選挙を前に、あの「総裁にしてくれるなら」の宮崎県〝勘違い〟知事を担《かつ》ぎ出そうとした古賀誠氏をかわいがるようになります。

これに嫉妬した（？）加藤氏、某新聞記者に「男は六〇までは女に狂うけど、六〇過ぎると男（古賀氏を指す）に狂う」といい放ちました。これを聞いた野中氏が激怒、その後、野中氏は、加藤氏が森喜朗首相（当時）の退陣を目指した「加藤の乱」では、加藤氏を支持するグループの切り崩しの先頭に立ち、党内の反乱を鎮圧。加藤氏はこれがきっかけとなって、出世コースから外れていきました。

妬み・嫉み・僻みは、誰にでもある感情ですが、それを露骨に表しても、得になることは一つもないのです。

では、どうすればいいのか？

簡単です。自分がそうした感情を抱いた時は中に閉じ込め、発酵させ、反転攻勢の際のバネにすればいいのです。逆に自分がそうした感情の対象にされた場合は、まずその存在を自覚することでしょう。その上で、周囲に「仕方ない」と思わせるだけの実績を示すよう、まずはやれるだけの努力をすること。

3 誰しも自分が何かを得られると分かった瞬間、動くもの

仕事でのやりとりは、相手へのギブなしでテイクできるほど、甘いもんじゃありません。それが分かっていないと、人を動かすことなど無理です。

周囲が、あるいは上司や部下や後輩が思うように動いてくれないと悩んでいる人も多いと思いますが、それは相手サイドの問題ではなく、あなた自身に問題があるのです。なぜ、相手が動かないのでしょうか?

簡単です。誰しも自分が何かを得られると分かった瞬間、動くものだからです。

動かないということは、何も得られないと判断したからにすぎません。

それは金銭や物品に限りません。情報も相手を動かすための極めて重要な「武器」となります。相手が欲しがっている情報を提供できれば、相手はある程度、こちらの思い通りに動いてくれます。

そんなことといったって、お金も情報もないという人も多いでしょう。

そんな人たちはどうすればいいのでしょうか? 実はとても便利な提供物があります。

それは「あなた自身」です。

昔、池田勇人という戦後日本を高度経済成長路線に乗せたことで有名な総理大臣がいました。当時の池田首相を支える大きな力となっていたのは、西日本新聞の記者出身だった秘書官の伊藤昌也氏です。伊藤氏は池田勇人という政治家に惚れ抜いていました。

ある日、池田首相と記者団の懇談が行われ、その場にお茶と饅頭《まんじゅう》が用意されました。懇談が始まってまもなくのこと。伊藤氏が饅頭を見ると、何の手違いか、カビが生えています。そこでどうしたか。伊藤氏はやおら饅頭を手に取ると、「これはなかなかうまいな」といいながら、全部食べてしまったのです。

もしも記者がカビを発見すれば、池田首相の恥になります。それくらいなら、自分が腹を壊してでも、「証拠隠滅」したほうがいいと考えたわけです。体を張った伊藤氏はもちろん立派ですが、ここで忘れてならないことは、伊藤氏をそこまで惚れさせた池田勇人という人の存在感でしょう。

相手に「あいつのためならひと肌脱ごう」「あの人の頼みなら無理をしてでも聞いてあげよう」「体を張っても守る」と思わせれば、金や物など必要ありません。相手はいくらでも動いてくれます。相手はあなたの頼みを聞くことで、あなたのために動くことで、喜びという対価を手に入れることができるのですから。

4 官僚の誕生日を暗記していた田中角栄という「人たらし」

新橋のスナックで知り合った人物の誘いという奇妙な縁で、出版社を辞めた僕が自民党本部のスタッフになったのは、昭和四八年（一九七三年）のことでした。

時の総理は田中角栄氏。党本部に勤務してほんの数カ月、確か六月下旬だったと思いますが、ある日、仕事を終えて家に帰ると、奥から母親が、文字通り転がり出てきてこう叫びました。

「大変だよ、総理大臣からお中元が来てる！」

僕は「何だよ、それ」といいながら、奥の部屋へ。するとそこには紛《まぎ》れもなく、送り主の欄に「内閣総理大臣・田中角栄」と書かれた小包がありました。確か中身は田中氏の地元・新潟名産の「粕《かす》漬け」だったと記憶しています。ほんの数カ月前に自民党本部のスタッフになったばかりの僕にまで、中元を贈った田中角栄氏。

当時、田中氏は官僚、与野党を超えた政界関係者、マスコミなどに対し、幅広く中元と歳暮を配っていました。その数、万単位だとか。単価が三〇〇〇円だったとしても、一万人だとすると三〇〇〇万円…。ある意味、これは「田中流・金権政治」の象徴かもしれません。

でも、いきなり総理大臣から中元、歳暮をもらったら、決して悪い気はしないはずです。事実、母は三〇年以上経った今も「角栄ファン」です。

確かに田中氏は「金脈批判」で総理の座を追われ、その後、ロッキード事件の刑事被告人となった人物です。しかしその反面、いまだに多くの日本人が「角さん」を愛していることからも、各種の世論調査による「歴代総理人気ランキング」で、必ず上位に食い込んでいることからも、それは明らかです。

なぜ角さんは今も愛され、好かれるのか？

それは、角さんが「人たらしの天才」だったからにほかなりません。

高等小学校しか出ていない、貧しい家庭の出身である田中氏が総理の座にたどり着くまでには、言葉にできないほどの苦難、困難があったはずだし、それを乗り越えるだけの能力と気力、才覚、そして時に金力が必要だったのでしょう。

天性の才能もあったと思いますが、恐らく、そうした「のし上がり」の過程で、田中氏は人たらし、つまり周囲の人間を取り込む術を身に付けていたに違いありません。ある意味、田中氏は「人間とは何か」を熟知した、人間学の最高権威だったのかもしれません。

だからこそ、田中氏はエリート官僚たちをも「虜《とりこ》」にしました。

したたかで鼻もちならないエリート意識の持ち主たちである官僚にとって、成り上がり者の田中氏はむしろ軽蔑の対象だったはずです。しかし田中氏は、各省庁のエリート官僚たちをあっという間に、たらし込みました。

もちろん、田中氏が学歴とは関係なく、発想力と実行力に秀でた、極めて有能な政治家だったからでもありますが、それだけではありません。田中氏は自身の最大の武器である記憶力を、官僚取り込みのためにフル活用していたのです。

総理の座に就くまでに、田中氏は通産（現経済産業）、大蔵（同財務）、建設（同国土交通）など、いくつもの大臣を経験していますが、どこにいっても、まず幹部クラス全員の入省年次や出身地、果ては誕生日まで頭に叩き込んだそうです。

「君は〇〇年の入省だね。出身は確か××県だったな」

いきなり大臣からこんなことをいわれたら、エリート官僚だってイチコロでしょう。それだけじゃありません。幹部官僚について、田中氏はその夫人の誕生日まで調べ上げ、その日が来るとさりげなくプレゼントを届けさせていました。これで虜にならないほうが不思議かもしれません。

5 人は言葉によって魅了され、言葉によって関係が終わる

「すべての力強い世界的革新の出来事は、書かれたものによってではなく、語られた言葉によって招来されるものだ」

さて、これは誰の言葉か分かりますか？

答えは、あのアドルフ・ヒトラーです。文字を書いている僕がいうのも何ですが、これは一面の真理かもしれません。何しろ、彼は言葉を駆使した宣伝戦の天才であり、言葉の「魔力」によって世界に惨禍《さんか》をもたらした挙句《あげく》、すんでのところで世界征服を成し遂げかけたわけですから。

人類は言語を持つことによって、動物界の頂点に君臨することができました。言葉は人

を癒すこともあれば、死に至らしめるための凶器にもなります。特に政治の世界では、言葉は一番重要です。政策も理念も政敵との死闘も、すべて言葉という「武器」によってしか成立しません。

政界では、言葉によって政治家、政党、政権が動くことなど日常茶飯事です。

漢字が読めないことを「言葉に出し」たために「地」がバレて、その後政権から滑り落ちた麻生太郎氏など、その典型かもしれません。言葉が政権交代を実現したといってもいいでしょう。

逆にそのちょっと前、潰れかけていた自民党を言葉一つで五年以上延命させた人物もいます。「感動した」「聖域なき構造改革」「私の方針に反対する人はすべて抵抗勢力」「人生いろいろ」。いわゆるワンフレーズ・ポリティクスと称される、分かりやすくインパクトのある言葉の連発で国民を魅了し続けた、小泉純一郎という人物の能力は大したものです。

もっとも最近では、その小泉政治が結局は自民党を崩壊に導いたという見方も強まっています。しかし当の小泉氏にしてみれば、「だから最初にいっただろ、『自民党をぶっ壊す』って」といった感じかもしれませんが。

レベルは違いますが、かつてこんな話を聞いたことがあります。

話題の主は、小沢一郎氏。彼は昔から「盟友・側近が必ず離れていく」ことで有名です。その小沢氏が、まだ自民党・竹下派の幹部だったころ、当時から「将来の総理」と目され、同じ竹下派の他の幹部連中からも一目置かれる存在でした。中でも、後に自民党幹事長や官房長官を務めた梶山静六氏は、当初小沢氏の応援団長格で、「俺は小沢を総理にするんだ」と公言していました。

ところがある日を境に、梶山氏は「反小沢」の急先鋒となります。

最終的に小沢氏が自民党を離党したのも、実は派閥（竹下派）の跡目相続をめぐる梶山氏との戦いに敗れたから、という説もあるほど、両者は激しく敵対する関係となるのです。

ではなぜ、仲たがいをしたのか？

当時は誰もが首をひねったものでしたが、ある時、その〝真相〟が判明しました。

梶山氏に近い人物によると、「ある時、梶山さんが小沢さんに電話したところ、秘書が出て『小沢は今、会議中です』といったので、三〇分ほどしてからもう一度電話をした。すると今度は違う秘書が出て、正直に『小沢は今、昼寝中です』と白状しちゃった。梶山さんは『こっちは大事な話があるから電話しているのに、昼寝だと』と激怒。それ以来、両者は険悪な状態になった」とか。

まあこの場合は言葉うんぬんより、正直過ぎる（つまり「嘘も方便」という言葉を知らない）秘書は雇うな、という教訓かもしれませんが…。

6 情はかけ方にコツがある

「情《なさけ》は人のためならず」ということわざがあります。

これを、どうも「情なんかかけても、その人のためにならない」という意味に思い込んでいる人が多いようですが、正しくは「情けは人のためではなく、いずれ自分に返ってくるから、できるだけかけておいたほうがいいよ」という意味です。

さて、本当にそうでしょうか？

政界には「かけた恩（つまり情）は忘れるな。受けた恩は仇《あだ》で返せ」という名言（？）があります。「貸した金は忘れるな。借りた金は忘れろ」の類で、これはちょっと極端過ぎるとしても、誰かれ構わず「情」をかけることが、それほどいいことだとは思えないのです。

甘ったれに情をかければ、相手はより一層「甘えの構造」に浸り切り、自力で生き抜いていくことを忘れます。世の中には、それこそかけられた情など、瞬時に忘れ去る手合いだって少なくないのです（周囲にいませんか？）。

ただし、他人に情をかけることは、決してムダ、無意味ではないわけだし、それが回り回って大きな「果実」をもたらすこともあります。要は同じ情をかけるにしても、そこにある種の「コツ」があることを知ればいい話です。

そのあたりを熟知していた政治家が、先の田中角栄氏です。

元側近によると、田中氏は大臣や自民党の役員を歴任しましたが、その役職を退任する時、必ずそこのスタッフたち、それも身の回りの世話をするような「下働き」の人たちが田中氏との別れを惜しみ、涙ながらに送り出したそうです。田中氏は役所や自民党、国会の受付や守衛、運転手さんたちに絶大な人気がありました。どれほど出世しても、田中氏は彼らに、いつも「よおッ！」と声をかけ、時には名前まで覚えていて「〇〇君、元気かね」などと話しかけていました。

そんな田中ファンたちが強力な「情報伝達装置」となり、角栄人気を高めていったことは間違いありません。意識的だったかどうかは別として、下積みを狙うという田中氏の「情かけ手法」は、仕事でも十分活用できます。

7 話のうまい人より聞き上手がモテる

夫婦や恋愛関係を円満に維持するのは中々難しいことだし、それなりの努力が必要です。男女の仲は千差万別、どんなカップルにも通用する円満の秘訣なんてものは、残念ながらありません。しかし「こうすれば、少なくとも気まずい関係にはならない」というテクニックが、いくつか存在することは事実です。

既婚男性の立場でいえば、妻の話をよく聞く、少なくとも「聞いているふりをする」なんていうのは、間違いなくそのうちの一つです。どんなに疲れて帰宅しても、妻が「実は今日ね…」と切り出した時、その話がどんなにつまらなくても、あるいは非生産的な話でも、絶対に「今度にしてくれ」などといってはいけません。

真面目に聞いていようが、右の耳から左の耳へと素通りしていようが、とにかく相手に「聞いている」と思わせることが大切です。そのコツは「そうか」「なるほど」「うん、分かる」といった相づちを打つことです（女性に睨《にら》まれるかもしれませんが）。

かつて自民党最強軍団と称された田中派では、初当選を果たし、派閥に入ってきた新人に対して、徹底した教育を施しました。その田中派の教えに、こんなのがあったことを覚えている人は、今では少ないでしょう。

「キミたちはどんどん会議に出ろ。ただし二回当選するまでは、喋ってはいけない。ひたすら先輩たちの議論、意見を聞いて勉強しろ」

まずは聞くことが勉強というわけです。恐らく、親分だった田中角栄氏が好んで使った言葉「賢者は聞き、愚者は語る」に基づく教えなのでしょうが、確かに真理かもしれません。

民主党の小沢一郎氏の側近たちが、大量当選した新人たちに、これとそっくりの「教え」を叩き込んだらしいですが、小沢氏のルーツは田中派ですから、当然でしょう。

誰しも大なり小なり、悩みや不安を抱えています。

どんなに恵まれた環境にある人だって、例えばビル・ゲイツのような成功者、大富豪だって、きっと様々な悩み、苦しみ、痛みを抱えているでしょう。「悩みに貧富の差なし」

です。

その悩みや苦しみですが、人が誰かにそれを聞いてもらいたいと考えた時、まず誰に聞いてもらいたいかを考えます。その誰かは、強い好意を持っているか、信頼している相手です。嫌いな人、不信感を抱いている人に話を聞いてもらいたいと思う人間はいません。相手が自分の話を熱心に聞いてくれれば、より好意が増し、信頼感を高めるのが人間に共通する心理だからです。

仕事上でも、男女間でも、話のうまい人はそれなりに受けるものですが、いくら話がうまくてもそれなり止まり。それどころか、相手のいうことも聞かないで自分の話ばかりしている人は、やがて「うざい」と思われます。

世の鉄則は、「聞き上手はモテる人」なのです。

相手があなたに話しかけてきたら、「しめた」と思って間違いありません。なぜなら、それは相手があなたに好意を持っているか、少なくとも嫌ってはいないというサインだからです。

だから誰かが話しかけてきたら、まず熱心に聞く、あるいは聞くふりをすること。特にそれが相談ごとだったりすると、しめたもの。真剣に（あるいは真剣風に）聞いてあげるだけで、相手の気持ちは確実に近付きます。

8 名前を覚えているかどうかは関心のバロメーター

会社員なら、上司が自分をどう見ているのか、自分を本当に戦力として評価してくれているのかが気になるはずです。自分に関心を持ってくれている、評価してくれていると思える上司の指示なら、仕事に熱が入るし、逆に無視されている、ろくに評価してくれていないと感じる上司の指示なら、身が入らないのは当然です。

だから結果的に、部下から好かれている上司は、部下の頑張りで出世の階段を駆け上がる確率が高いことになります。

ではどうすれば、部下の支持・信頼を高めることができるのでしょうか?

最も簡単で今すぐ実行できる方法は、部下の名前（フルネーム）を覚え、会ったら名前を呼ぶこと。たったこれだけです。中高年層は「そんなことで」と眉をしかめるかもしれませんが、ぜひ実践してみてください。

昨日まで、「おいキミ」「お前は何を考えているんだ」「お嬢さんお茶を入れてくれないか」なんていっていたあなたが、ある日突然、「中村君、この資料なんだけど」「田中さん、すまないがお茶を一杯入れてくれないか」なんていい出したら、間違いなく、部下の見る目に変化が表れます。

昇進すれば、必然的に部下の数も増えます。企業規模によっては、何十人、何百人になることだってあるでしょう。だからこそ「おい」「お前」ではなく、名前で呼んでもらえるだけで、彼らは奮い立つのです。それが自身の昇進にもつながるし、会社全体の業績アップにも関係します。

ちなみに親しい関係であれば、逆にわざと「バカだなお前は」なんて声をかけると、意外に相手は喜びます。この辺のさじ加減が、実に重要です。

民主党の事務局長時代、新たに公認になった新人候補があいさつに来る機会がたくさんありました。そんな彼らが異口同音《いくどうおん》に聞いてきたのは、「選挙必勝法はありませんか？」。そんなもの、あるわけありません。

とはいえ、当選確率が上がる方法ならあります。

その中の一つが、「人の名前を覚える」というものでした。というか、これは選挙必勝法というよりも、むしろ政治家を目指す人間にとって、絶対的に必要な能力だといってもいいでしょう。事実、大物といわれるような政治家の多くは、驚くほど記憶力がいいし、人の名前をよく覚えています。

普通の庶民にとって、国会議員は「別世界」の人間です。直接話す機会など、一生に一度あるかどうかです。もし一回か二回、ちょっと顔を合わせただけの国会議員と出くわした際に「おや○○さん、お元気ですか？」なんてやられたら、よほどの天邪鬼でもない限り、次の選挙でその人に投票してしまうかもしれません。

逆に何度も会って名刺交換まで済ませているのに、国会議員のほうから名刺を出してきて、「どうも初めまして」なんていわれたら、支持したくなくなります。

誰だって、自分の名前を覚えてもらって悪い気はしないもの。

人の心には、常に自分の存在を認めてほしい、関心を持ってほしいという気持ちが潜んでいます。相手が名前を覚えてくれているということは、相手が自分に関心を持ってくれていることを意味するのです。

9 彼氏と亭主の論理を知る

「なぜ、女性に人気がないのか?」

民主党の事務局長時代、僕がいつも頭を悩ませていたのがこの問題でした。某美人キャスター(現タレント?)との「路チュー」で話題となった議員がいるように、もともと民主党には若くてイケメンで優秀な人材が揃っていました。普通に考えると、不細工で脂ぎっていて悪人タイプが多い自民党より、女性陣の支持が高くて当たり前のはずです。ところが、一九九八年の結党から数年前まで、民主党の支持率は男性のほうが高く、女性は低いという状態が続いていました。

なぜなのか?

様々な角度から原因の分析を行いましたが、「これだ」というものが中々浮かんできません。そもそも女性、特に中高年以上の人たちは、一度支持する(=味方になる)と中々変えようとしないというデータは、世論調査でもある程度明らかになっていました。でも、それだけでは説明がつきません。

結局、僕なりに出した結論は「彼氏と亭主の論理」でした。

民主党は若くて高学歴で外見もスマートな男性が揃っています。彼氏にするにはぴったりのタイプ。しかし亭主にするにはどうかといえば、どこか頼りないのです。要するに、「男の色気」のようなものが不足している、と。

夜道で変な奴に絡まれた時、自分を置き去りにして逃げてしまいそうな気がするというのが民主党。反対に、自民党は見た目が不細工だし、家事や子育ての手伝いもしてくれないけれど、生活面ではしっかり守ってくれそうで亭主向き。

どうもそのあたりが、女性の感性から導き出された結果の低支持率だったのではないか、という僕なりの「仮説」です。

だから小沢氏が代表の座に就いて以来、女性の支持率が上昇傾向を示しているという事実も、この仮説を補強する結果となりました。

今さらいうまでもありませんが、小沢氏は完全な「自民党タイプ」です。気に食わないと卓袱台は引っくり返すし、外で飲んだくれるし、浮気はするし…しかしいざとなると体を張って家族を守るというイメージが、女性の支持率アップにつながったのではないでしょうか。もちろん、それだけが理由ではありませんが、女性の支持が高まったことが、民主党が政権の座に就くための大きな要因となったことは事実です。

男にとって、同じ組織の男は「敵か味方」のほかに「ライバル」という要素が加わります。一方、女性は「敵」か「味方」のどちらかしかない場合がほとんど。男同士では、仲間や味方がいつライバルとなるか分かりません。

そんな女性たちの情報収集能力や発信能力の高さは、驚くほど高いものです。

一旦、味方に付ければ、その能力を活用することが可能であり、逆に彼女たちを敵に回すと、どれほど悲惨な状況が生まれるかは想像したくないほどです。彼女たちの何気ない噂話の俎上《そじょう》に上がっただけで、ある日出社したら昨日までのあなたに対する周囲の温かい対応が嘘のように変わっていた、なんていう事例はいくらでもあります。

女性は敵に回すと怖い存在ですが、それを知った上で味方に付けたものが、すべての戦いに勝利できます。

10 酒席に上下あり、プランに上下なし

「今日はプロジェクト成功の打ち上げだ、無礼講でいくぞ。大いに飲んでくれ」

最近の若い人たちはあまり好まないようですが、それでも付き合いで顔を出さなければならない飲み会は少なくありません。

そういう時に上司の口から出るのが無礼講、つまり「職場の上下関係など、この場に限って関係ない。社内での序列など無視してもいい」という意味が込められていると思われがちな勧めです。

しかしながら、この言葉にだまされてはいけません。

無礼講を真に受けて、課長にため口を聞いたり、部長に「この際だからいいますけど、部長の方針は間違っています」などと食ってかかったり、果ては酔っぱらって女性社員に絡んだりしたら、出世の道はあきらめたほうがいいでしょう。

上司が口にする無礼講とは、あくまでも「楽しく賑やかにやろう」という程度の意味です。酒席であろうと最低限のルールは守らなくてはならないし、できる上司は酒席にこそ、

それぞれの社員の本性が出ることを熟知しているから、絶好の機会ととらえてじっくり観察していると思って間違いありません。

だから無礼講でも、上下関係を守りながら酒席に溶け込むこと。できれば盛り上げ役になるくらいの気配りが欲しいもの。同時に職場の飲み会は、社内情報を収集し、上司との新たな関係を構築するきっかけが生まれる機会でもあります。賢い人間は、職場の飲み会も何かをつかむ場に変えています。

その一方、社内での会議、特に「企画（プラン）会議」などは、酒席と正反対です。職場での会議だから、上下関係（序列）をきちんと守らなければいけないと思いがちだと思いますが、これは大いなる勘違い。守らなければならないのは、せいぜい座る席の順番くらいです。

もしもトップ（社長）以下、経営陣が本気で勝負しようとしている状況なら、経営プラン、新規事業開拓プラン、様々な企画開発などをテーマとする会議の場に、上下関係を持ち込めるはずがありません。

本気で新しい道を模索しようとする時に、若い社員の意見、プランに対し、上司が「若造のクセに」という態度を露骨に示したり、上司の意見に異論、反論を唱えた時、「先輩に楯《たて》突くのか」なんて口にしようものなら、そんな上司こそ無能です。

また、会議で若手が自由に意見をいえず、間違っていると思っても「部長のおっしゃる通りです」なんてやっている企業は、遅かれ早かれ、沈没すること間違いなし。

つまり、プランに上下はないのです。

企業が成長、発展するためには、社長だろうと若手だろうと関係ありません。個々の能力をいかに発揮させられるか、最良のプランをいかに実行できるかだけが問題なのです。上司や、時に経営トップに対し、堂々と自分のプランの実現を求めたり、上司のプランに対して修正を求めたりするのは難しいでしょう。

しかしあなたが本気で仕事に取り組んでいるなら、それくらいの勇気は湧いてくるはず。ただし、いくら自分のプランが素晴らしいと思っていても、相手（上司や経営陣）のプランを真っ向から否定するような攻め方は、絶対ダメです。

周囲を上手に巻き込みながら、自分の意見を通す知恵が必要です。ちなみに僕の場合、その知恵がなかったばかりに党幹部とぶつかり、最後は自分から民主党事務局長の椅子を放り出したことを白状しておきます。

11 裾野を広げたければ「敵」を減らすこと

霊峰・富士山は見る角度によって、様々な表情を見せます。

どこから見ても絶対的に共通しているのは、その「裾野《すその》」の広さでしょう。近付けば近付くほど、広大な裾野のスケール感に圧倒されます。同時に、日本一の高さを誇る富士山も、自身で屹立しているわけではなく、目立たなくとも常に周辺で支え続ける裾野があるからこそ、雄大な姿を維持することができるのだということを実感すると思います。

もしもその裾野が口をきけたら、恐らく「別に頑張って富士山を支えているわけじゃないよ」と答えるはずです。裾野は富士山にとって邪魔ではありません。懸命に支えているかといえば、それもちょっと違います。裾野はそこにあること自体で、結果として富士山を支えているにすぎないのです。

何か事をなすための戦いに臨む時、あるいは頂点を目指して階段を上ろうとする時、誰でも味方が欲しくなります。もちろん味方が多いほうがいいに決まっていますが、世の中そう甘くありません。味方というのは、もしも当人が危機的状況に陥った場合、その人と渦中に身をさらすかもしれない存在です。今、あなたが仕事のやり方をめぐって上司と意見が衝突し、どちらも譲らないままケンカになった場合、異動や左遷覚悟であなたのために体を張ってくれる味方が、何人いますか？

名言・格言を大量生産した田中角栄氏は、こんな言葉も残しました。

「山頂を極めるには敵を減らすことだ。好意を持ってくれる広大な中間地帯をつくることだ」

総理の座という山頂を目指した角さんは、味方である自分の派閥を拡大しましたが、その一方、「敵」である福田赳夫元首相（「私はあなたと違うんです」の福田康夫元首相のお父さん）率いる福田派以外の派閥の政治家に対しては、とても優しく対応しました。他派閥の政治家であっても、何か頼み事を持ち込まれれば喜んで処理してあげたそうです。ある他派閥の若手議員が金に困って相談に行くと、「いくら必要だ？」と聞き「五〇〇〇万」と答えると、一〇〇〇万円をポンと出したという話も残っています。

田中氏はそうやって、一〇〇パーセントの味方ではないけれど「好意」を寄せる政治家を、徐々に拡大した結果、自民党総裁選史上、最も熾烈《しれつ》といわれた福田赳夫氏との「角福戦争」に勝利し、総理の座を手に入れました。

味方をつくるのは大変な作業だし、はっきりいって、よほど人間的な魅力が備わっていなければ、どんなに頑張ってもそうそうできるものじゃありません。

自分は魅力たっぷりだから、味方をつくるなんて簡単と思っている人はさておき、そうでない大多数の人がやるべきことは、とにかく嫌われないこと。つまり「敵」を減らすことです。

そこから始めて一歩進み、好意を持ってもらうことを目指してください。好意を持ってくれている人たちは、あなたの足を引っ張ることはありません。

やり方はいろいろにしても、それぞれがそれほど無理しない形ではあっても、結果的に「ふんわり」とあなたを支え、後押ししてくれます。

好意とは、言葉を換えれば富士山を支える裾野なのです。

12 目から鱗が落ちたあるベテラン政治家の言葉

誰にでも得手《えて》・不得手《ふえて》があります。

男女を問わず、別に理由がなくても好ましく感じてしまう人がいる反面、理屈ではなく、なぜか好きになれない人、そばにいるだけで生理的嫌悪感を抱いてしまう人や、自分でも不思議なほど敵意を抱いてしまう人がいます。

昔から「ウマが合う」「ウマが合わない」といわれますが、面白いことに人間というのは敏感な動物のようで、相手の気持ちというのが、なぜか分かってしまうことが多いものです。

あなたが「嫌いだ」と思っている人間は、あなたに嫌われていることをすでに五感のどこかで感じています。逆に相手があなたを嫌っていれば、必ずそれが何かの形であなたへと伝わります。もちろん、鈍感な人もいます。いくら毛嫌いしても、向こうからへばりついてくるなんていう経験を持っている人も少なくないと思いますが、こういうのは少数派です。

さて、誰だって好きなタイプと付き合いたいものですが、自分が嫌いな人間、明らかに自分を嫌っている人間、自分に対して敵意やライバル意識のようなものを抱いている人間とは、できるだけ付き合いたくないもの。しかし社会に出て組織の一員として働く以上、そんな贅沢はいえません。

社内にも、社外の仕事上の関係者の中にも、きっと一人や二人はそういう人間がいます。毎日顔を合わせる上司や先輩がそういうタイプだったり、取引先の担当者がむかつくほど嫌な人間だったりすると悲劇です。出社するとネチネチと嫌味をいわれ、取引先に出向くと担当者からいじめとしか思えないような無理難題を押し付けられたら、誰だって参ってしまうし、逃げ出したくなるでしょう。

実は僕にもそんな経験があります。

政党の事務局スタッフは、どれほど専門知識があって能力が高くても、選挙で当選した国会議員のサポートが仕事。議員が役員・重役だとしたら、スタッフは平社員です。事務局長でも、せいぜい課長補佐レベルです。

僕が民主党の事務局長時代、ある議員が党幹部となりました。実に嫌味で自己中心的で無能、おまけになぜか僕に敵意を持っている人物でしたが、上司には違いありません。嫌々サポートしていましたが、そんな我慢も限界に近付いたころ、ある尊敬するベテラン政治家に、思わず愚痴をこぼしてしまいました。するとその人物は、僕にこう話してくれました。

「その嫌な奴を君のファンにしてしまったら、君の勝ちだね」

まさに目から鱗《うろこ》でした。

社会に出たら、ある意味すべてが競争であり、日々戦いの連続です。人間関係だってそう。あらゆるテクニックを駆使して、相手を自分のファンにしてしまえば勝ちです。まして自分を嫌ったり、敵意を抱いている人間を取り込めたら、それは大勝利なのです。

そのためにはまず、相手に対する感情をコントロールすること。加えて、とにかく情報を集めることです。

この章の田中角栄氏のところで事例を挙げましたが、相手の経歴、趣味、人脈、家族構成、行動パターン…現在は個人情報保護がハードルとして存在しますが、それでもとにかく集められるだけの情報を徹底的に集めることがスタートです。

それが終われば、次にその情報を分析します。ここでのポイントは、相手の弱点（つまり泣き所）を把握するということ。

まずは相手を知る。勝つための基本です。

第二章

すべては論理的に考える

1 最も大切なのは「源流を探る」こと

僕がすでに一般から認知されている「政治評論家」や「政治ジャーナリスト」ではなく、「政治アナリスト」という業界では初めての肩書を名乗ることにしたのには、ある理由があります。カッコいいから、目立つからという理由ではありません。

政治家や政界を論評するのは、それほど困難な作業ではありませんが、政治そのものを評論するのは実に難しいと考えました。その結果、まだとても政治評論家を名乗るほどの人間じゃないということで、まずこれはボツ。

次に、ではジャーナリストならどうかという問いですが、これも違います。なぜなら僕は約三〇年間、政治の世界で仕事をしてきましたが、ジャーナリストだったことは一度もありません。全く経験がないくせに、ジャーナリストを名乗るのは詐欺行為だということで、これも却下。

結局、今の肩書に落ち着いたわけですが、実は「アナリスト」を名乗った理由は、別にもう一つあります。

約三〇年間の政界生活の中で、政党間、政治家同士のかけ引き、勝った負けた、誰と誰がくっついた離れた、誰と誰が仲良しで、誰と誰は犬猿の仲、といった話や実際の現場を、つまりは「切った張った」という世界を、僕は嫌というほど見聞きしてきたし、その渦中で蠢《うごめ》いてきました。

はっきりいって、そんな「生臭い世界」はもう飽き飽き。確かに、政治は人間関係で動く要素が大きいし、日々の動きを追うことで見えてくるものもあります。現場に生きる人間にとって、その動きを的確に把握することも大事です。しかしそんな現象面での動きは、全体の流れの中でいえば、波間につかの間浮かび上がる漂流物のようなもの。そんなものにしがみついていても、やがて水没します。

一方、大きな流れは、一見するとほとんど動いていないように見えますが、実はゆったりと、しかし誰にも止められないほどの圧倒的パワーで、滔々《とうとう》と流れ続けます。その大きな流れの存在を把握し、それがどの方向に向かおうとしているのかを見定める作業、つまり現象面の動きの背景にあって、結局は個々の行動を超えたところで流れを決めているものを発見するのが分析（アナライズ）であり、できればそのことにチャレンジしたいという思いから政治アナリストを名乗ったというわけです。

まだまだ生臭い世界から、完全に抜け切ることができていませんが、できるだけ分析的に政治を見つめているつもりではあります。

さて、現象面の動きに惑わされず、現在起きている状況をできるだけ分析・解明しようとする時、最も大切なのは「源流を探る」ことです。

つまり「なぜ、こうなるのか（なったのか）？」という疑問から出発する姿勢です。結果が出た時、ごく稀《まれ》なケースを除けば、それは「たまたま」でも「偶然」でも「弾み」でもありません。そこには、必ず「原因」があります。その原因を突き止めることができれば、なぜそうなったのか、あるいは逆になぜそうならなかったのか、その結果として何が起きたのかを分析することは、それほど難しい作業ではありません。

目の前で展開される現象や事象に対して、常に分析的な視点で臨むことができるようになると、ある瞬間、自分で気付きます。

いつの間にか、感情よりも論理を優先させている自分に。

どんな時でも、何かが起きる、何かが動くには、まず原因があり、そこからまっすぐか曲がりくねっているかは別として、必ず結果に向けた道がつながっているはずです。そのルートマップを見つけ出すこと、つまり原因から結果へ至る道筋をきちんと分析し、論理的に整理することが、「その道の先」を見つけ出すための最大の武器となります。それを身に付けることができれば、望む未来を手に入れることができるかもしれません。

2 感情を無視するな、ただし感情を信用するな

第一章では、世の中は往々にして理屈よりも感情で動くことが多く、その感情を理解して取り込むことができるかどうかが大切だと指摘しました。

しかしこれは何も、感情に任せて動けとか、皆と一緒に流されたほうがいいといっているわけじゃありません。その逆です。世の中が、会社が、周りの人間関係が感情で動いていればいるほど、あなた自身はそれに流されないようにしなければいけないわけです。理解して取り込むことと、一緒になって流されることとは、全く違います。ある現象や事象に対して、もしも世の大勢が感情に流されていると思ったら、そういう時こそあえて逆に、感情をできるだけ排除し、論理的な思考で分析、評価してみてください。別の世界（別の面）が見えます。

その時、あなたは「少数派」でしょう。

確かに、大きな流れに巻き込まれているほうが、ずっと楽でしょう。でも、それではいつまで経っても埋没状態に置かれているだけ。あえて少数派となり、皆と違う風景を見ることで、ワン・オブ・ゼムから抜け出してみるわけです。リスクもあると思いますが、代わりに「特別の存在」になることができるかもしれません。

二〇〇九年の鳩山政権誕生時もそうでしたが、政権交代は日本人の大半が「感情」に流される、典型的なケースといってもいいでしょう。新しい政権の誕生が、漠然とした期待感を抱かせるものであることは否定しませんが、それにしても日本人は、ちょっとその辺の感情が過剰なのではと考えてしまいます。

鳩山政権が発足した直後、ラジオで批判とさえいえないような、ごく当たり前の指摘をしただけで、即座にリスナーから「鳩山さんをいじめないで」というメールが届いたのにも驚きましたが、何といっても今でも思い出すのは二〇〇〇年春のこと。

当時、僕は民主党の事務局長で、その年の夏に予定されていた参議院選挙での躍進を目指していました。当時の首相は「神の国」発言をはじめ、数々の暴言、失言を重ねた結果、最悪の評判だった森喜朗氏。彼が相手なら勝算は十分にありました。

ところが「敵」（自民党）もさるもの。森氏の任期はまだ半年もあるのに、総裁選を前倒しした結果、大旋風を巻き起こした小泉純一郎氏が新総裁に就任。小泉政権発足直後の世論調査では、支持率は軒並み八〇パーセント台。某テレビ局の調査で「九一・三パーセント」と出た時には卒倒しそうでした。

これで参院選は負けと思う一方、日本人がこれほどムードや感情に流されやすい「付和《ふわ》雷同《らいどう》民族」だったのかと、改めて恐怖感を抱いたことは今でも覚えています。

当時、僕はあらゆる機会をとらえて、マスコミやオピニオン・リーダーたちに「小泉政権は、もしかしたら史上最悪の政権になるかもしれない」と訴えましたが、ほとんど耳を傾けてくれる人はいませんでした。

なぜ僕がそう考えたか？

小泉純一郎という政治家の言動が、国民の情緒や感情を刺激することを狙いとしていて、論理を無視していることに危険な匂いを感じたからです。結果は、現状が証明しているでしょう。

周囲が感情で動いている時、あえて異論を唱えるのは難しいものです。

でもそんな時こそ、他人の意見に基づく判断ではなく、自分の物差しで測ることが大切となります。物差しの目盛りは、絶対に感情によって伸びたり縮んだりしません。

「感情は無視するな、ただし感情を信用するな」

これこそ、常に正しい判断を下す基本だということも、頭の片隅に置いてください。

3 理解不能な事態は神話化したがる傾向が強い

政治の世界では、時々「神話」が誕生します。

主人公はその時々に、最も大きな権力を握っている政治家です。神話の主人公となった政治家は、いつしか「万能の神」として神格化されます。その結果、実像の何倍もの虚像が、皆の心の中でつくり上げられていくのです。

誰しも少なからず経験があると思います。「何でこんなことが起きたのか」「どうしてこんな結果になったのか」といった場面に出くわしてしまうことに。何が原因で、どんなプロセスをたどり、そのような結果が導き出されたのか、さっぱり分からないといったケースです。

そんな時、「実はすべてあの人（あの組織）が裏で操っていた」と考えられたら、実に楽でしょう。理解不能なことが起き、なかなか検証しにくい状況が生まれた場合、すべて「あの人（組織）」のせいにしてしまうことができれば、その先は一切考えずに済みます。人間はそうした傾向が強い生き物でもあるのです。

つまり神話は、自分の思考能力を放棄するための格好の言いわけなのです。

政治の世界で「神話の主人公」となった主な政治家は、まず何といっても総理退陣後、「目白の闇将軍」と称され、長く裏から日本の政界を牛耳った田中角栄氏でしょう。当時は何かちょっとでも理解しにくい事態が発生すると、必ずといっていいほど「裏で角さんが動いた」といわれました。

その後、「金丸（信）神話」「野中（広務）神話」などが生まれましたが、やがて消え去り、今や政界において「神話」の分厚い衣を身にまとっているのは、小沢一郎氏ただ一人となりました。

今や数々の小沢神話が生まれていますが、その原点（源流）を探ると、選挙にたどり着くことが分かります。

小沢氏の出世物語は一九八九年、四七歳という若さで自民党幹事長に就任したところから始まりますが、「剛腕政治家」の異名を奉られるきっかけとなったのは、翌九〇年の総選挙で惨敗必至といわれた自民党を微減にとどめたことです。

以後、小沢氏には常に「選挙に強い」という評価が付きまといます。小沢氏が代表として指揮を執った二〇〇七年の参院選では与野党逆転を実現、二〇〇九年の総選挙でも実質的に采配を振った小沢氏によって、民主党は政権交代を実現しました。小沢氏が神格化され、選挙の神様といったレッテルが貼られるのも当然でしょう。

その一方、神話には「虚」と「実」が入り交じっていることも事実です。どれほどの実力があっても、一人の人間の能力には限界があります。実の外側に、周囲の人間が貼り付けた虚があって初めて、神話は成り立つのです。

ちなみに小沢氏の過去の選挙実績を確認するため、データをチェックしてみました。すると、小沢氏が指揮を執って戦った選挙での成績は、ひと言で表現すると「勝ったり負けたり」で、勝率はせいぜい六割といったところです。決して常勝ではありません。たった数十分かければ、すぐ検証できることなのに、マスコミも含めて大半の人は小沢氏の神話を検証しようとしません。不思議ですね。

4 まず結論から話す、理由は三つに限定する

まともな組織や企業であれば、トップや上司、責任ある地位にいる人は常に多忙です。そんな人に「実はいろいろと事情がありまして、先方もかなりご多忙のようで…」とか「この件に関しましては、他社とも競合している関係で、こちらとしても新たな対応策を…」などと、先の見えない説明ばかりを続けたら、どうなるでしょうか？

ほぼ間違いなく、相手（経営トップや上司）は話の途中でこういうはずです。

「で、結論はどうなの？」

民主党の事務局長時代、某衆議院議員秘書でSさんという人がいました。噂によるとSさん、大学受験では何と東大にトップ合格した「秀才」とか。頭脳明晰で人柄は極めて穏和、さらに笑みを絶やさない好人物でしたが、唯一欠点がありました。

それは、話していても説明がダラダラと続き、いつまでたっても何がいいたいのか、結論が何かがさっぱり分からないこと。学業成績と実社会での仕事の処理能力とは、時に乖

離するものなのだなと、彼を見ていてつくづく思いました。

相手が多忙であろうとなかろうと、会話で最も大切なことは、自分が「伝えたいこと」を相手に明確に伝えるということです。そのために、人間は他の動物と違って言葉というものを獲得し、それを磨き上げてきました。

ところが、この当たり前のことができない人が少なくありません。ことに最近は、パソコンや携帯のメールやブログではきちんと意思が伝えられるのに、相手と向き合って話すとなると、途端に伝えられなくなる人も多いようです。「要するに、何が言いたいんだよ」と、思わず突っ込みたくなることがしばしばあります。

人と話すことは、単なる「言葉の垂《た》れ流し」ではありません。

きちんと話ができる人は、必ず頭の中で、内容、流れ（リズム）、ポイントを論理的に組み立てた上で、口を開いていることを自覚しています。ただし、いきなり「会話に論理的な思考を」といったところで、簡単に身に付けられるものでもありません。

そこで、上司との会話が苦手というあなたに、まずこの言葉を頭に叩き込んでおいてほしいと思います。

「まず結論から話す。その理由は三つに限定する」

これさえできれば、ほとんどの会話で悩むことはなくなると思います。

仕事上の相手（特に多忙な相手）は、あなたとの会話を楽しもうと思っているわけじゃありません。次から次へとやって来る仕事をさばかないといけないのです。もちろん、あいさつレベルの会話は必要ですが、それも最低限で十分。相手が欲しがっているのは結論だけです。

そのためにはまず、「できました・できませんでした」あるいは「できます・できません」を、はっきり答えること。すると相手は、その結論に至った経緯を聞きたくなります。そこで初めて、あなたは理由をいえばいいのです。

その理由は、三つがちょうどいいと思います。

一つや二つでは説得力不足で、四つや五つとなると聞いているほうが覚えられないし、ある種、言いわけに聞こえます。数に基準があるわけではありませんが、「三」という数字は座りがいいのです（古来、日本では三という数字を特別視してきました）。ディベートの達人といわれる人たちの話を聞いていると、何かを説明する際、彼らは必ず「その理由は三つありまして～」と語ることに気付きますよ。

5 図解は難しく考えず「相関図」で表現すること

難しい内容を難しい言葉で伝えるのは普通の人間ですが、易《やさ》しい内容を難しい言葉を連ねて分かりにくくするのは頭の悪い人間です（うだつの上がらない学者も）。

本当に優秀な人間は、難しい内容でも分かりやすく説明できます。

永田町時代、選挙のたびにキャッチフレーズやポスターデザインなどを含む広報戦略に関して、複数の広告代理店を集めてコンペを行っていました。すると代理店の中に、わざと難解な日本語や、一見するとカッコいいけど果たしてどんな意味で使っているのか分からない横文字を羅列した企画書を出してくる社が、必ず数社ありました。

もちろん、こんな代理店は初めから「落選」です。クライアントが理解できずに首をひねるような不親切な企画書を出す会社が、まともな仕事などできるはずがないからです。

営業先に対してであれ、社内の会議であれ、プレゼンテーションをする立場になった人にとって一番大切なのは、いかに分かりやすく説明できるか、重要なポイントを正確に伝えられるか、という点です。

そのためには、まず何が必要だと思いますか？

それはあなた自身が、内容を正確に理解しているということです。

自分の理解が中途半端なのに、相手にきちんと説明できるわけがありません。僕自身の経験から話すと、難しい内容をしっかりと理解するための一番いい方法は、文字に書くことです。頭では理解できたつもりでいても、口に出してみると、あるいはホワイトボードにポイントを書き込もうとすると、実は理解が不十分で、抜け落ちている部分があることが分かるケースが少なくないからです。

さらにプレゼンテーションの内容を、自分で文章にしてまとめてみること。すると、「理解できていると思っていたけど、この点は不十分だった」という事実が判明します。これはぜひやってみてください。

さて、いよいよプレゼンテーション当日。準備万端で臨んだつもりでしたが、いくら説明を重ねても、営業先の担当者（もしくは社内の上層部）が、どうもピンと来ていない様子。そんな時に繰り出す最終兵器が、「図解」です。

複雑、難解な内容、あるいはそんな状況を説明する時、どうしても言葉だけでは足りない場合がありますね。そんな時こそ図を使ってみましょう。「そんなにうまく図なんか描けないよ」と思うかもしれませんが、それほど難しく考えることはないのです。

相関図を思い浮かべてください。

ワイドショーでもフリップで多用されていますね。誰と誰が恋愛関係で、誰と誰がライバルで、誰と誰は犬猿の仲で…という、例のあれです。物や人の配置バランスとその関係性を示す線の種類、太さ、錯綜している場合の曲線を使った整理手法くらいが頭にあれば、仕事上の図解だって、そう難しいことじゃありません。

もし、ちょっと上を目指すなら、海外の経済アナリストがよく使う「チャート・システム」を覚えることをお勧めします。これは縦軸と横軸ですべてを説明するという方法です。縦軸の上下の端に何を置くか、横軸の左右の端に何を置くかという点だけを間違えなければ、後は極めて簡単。

例えば、縦軸の上端に「最高利益」を置き、下端に「最小利益（もしくは最大損失）」を置き、横軸の右端に「最大リスク」を置き、左端に「最小リスク」を置けば、現在の経営状況や今後の目指すべき方向性がはっきりと見えてくると思います。

6 数字を駆使できる人間か、数字に振り回される人間か

古今東西、人間は数字に弱いものです。

数字は正確無比、あるいは完璧で、疑う余地のないものであり、一＋一は絶対に二だと思っている人が大半でしょう。数字に詳しい人、数字を縦横に駆使する人を、それだけで「優秀な人間」だと思い込む人も少なくないと思います。

しかし本当は、数字だって「嘘」をつくこともあるのです。

一つひとつの数字はもちろん、嘘をつきません。一は一で、一〇〇は一〇〇。でも、それらの数字を組み合わせていく中で出てくる答えは、生み出す側にとって都合のいいものに加工することができます。

現在の日本社会を揺るがす大きな要因となりつつある失業問題。派遣切りや景気低迷に伴うリストラなどが話題を集める一方、大卒や高卒の就職率が最悪の状態になるなど、多くの国民が失業問題に関心を持ち始めています。

その失業問題に関して、その時々の状況を端的に表すのが「失業率」。政府が発表する

数字の上がり下がりを見て、安心したり不安になったり…。でも、実はこの政府発表による失業率が、正しく実態を映し出しているかというと、はなはだ怪しいものなのです。

政府が発表する失業率は、簡単にいうと失業した人たちの中で、引き続き仕事を探し続けている人だけを対象にした計算で成り立っています。要するに、ハローワークに通って就職活動をしている人たちだけが、数字として表れているわけです。逆にいえば、散々職探しをしたけれど、思うような仕事が見つからず、あきらめてしまった人たちはこの「率」に入っていません。

もし、これらの人たちも潜在的な失業者としてカウントされれば、失業率は政府から発表される数字より、相当大きくなるはずです。失業率が高い数字として出ると、政府への批判が高まるからか、あるいは社会不安を煽《あお》る結果となるからか、理由は定かではありませんが、政府あるいは役所が、ある意味「数字を加工している」と見て間違いありません。役所が発表する数字には、こうした事例は限りなくあります。

冒頭でも触れましたが、人間は数字に弱いものです。

数字を根拠に説得されると、つい信用してしまう傾向が強い一方、データや統計を駆使できる人間はそれらを自由に料理することで、自分に都合のいい結論（答え）を導き出せます。

つまりこの世の中は、「数字に振り回される人間」と「数字を駆使して人を振り回す人間」の、二つに分かれるわけです。

誤解しないでいただきたいのですが、僕は数字のマジックで他人を騙せと提案しているわけじゃありません。新しい企画にチャレンジしようとする場合、取引先に自社製品を採用してもらえるよう働きかける場合、相手を納得させる、説得するために最も重要な「ツール」が数字だというだけの話です。

どんなに「これはとてもいい製品（サービスあるいはプラン）です」と売り込んでも、それだけでは相手をうなずかせることはできません。性能、価格、耐久性など、様々な数字を提示することで初めて、相手は納得するものです。

7 アクションを起こす際は、必ず「優先順位」を付ける

世の中には、それがどれほど複雑であっても、手際よく、スピーディーに物事が処理で

きる人間と、それほど難しい仕事（問題）でもないのに、なぜか必ず途中で混乱して、事態をより複雑にしてしまう人間がいます。

この差はどこから来るのでしょうか？

能力や偏差値、経験や知識のあるなしとは、全く関係ありません。物事を処理し、最後に目指す「結果」を導き出すために、そこに至るまでの手順を頭の中できちんと整理してから取りかかっているのか、それとも何も考えず、とにかく始めてしまうかの違いだけです。

人間は欲張りな動物です。

とかく「あれもこれも」と考えがちだし、一度にたくさんの満足を味わおうとします。だからといって、甘いものと辛いものを一緒に口の中に放り込んだら、どうなるでしょうか？　何が何だか分からない味になり、おいしくありません。

どんなに優秀な人間にも限界があります。同時にたくさんの案件を処理しようとしても、すべてを完璧にこなすことはできません。もし、同時に三つも四つも処理すべき案件を抱えた場合、最初にやるべき作業は「優先順位」を付けることです。

これは何から手を付け、何を後に回すのが、自分にとって最もスムーズに処理できるかを考えることです。

ある人は一番簡単な案件から処理し、最後に最も難しいものを取っておくほうがいいと考えるかもしれないし、ある人は最初に難題を処理してしまったほうが楽に片付くと思うでしょう。どちらがいいという基準はありません。その処理に当たって、自分の性格、能力に合致した「あなた自身の処理システム」を、自覚しているかどうかです。それが分かれば、この優先順位付けは簡単にできます。

何から手を付け、次に何と取り組み、最後に何を処理すればいいかを、頭の中できっちりと組み立てられていれば、かなりの難問でもスムーズに処理できます。逆に優先順位を付けず、やみくもに走り出せば、失敗は目に見えています。

政治の世界でもこれは同じです。

過去の政権を見ても、「所得倍増論」を掲げ、その他すべての課題に優先して経済再建に取り組んだ池田勇人政権は、今も戦後政治史の中で高く評価されている一方、「美しい国」などという抽象的な概念を掲げ、優先順位なしで「あれもやります、これもやります」と大風呂敷を広げた安倍晋三政権は、何の実績も残せないまま短命に終わり、評価の対象にさえなっていません。

歴史的な政権交代によって誕生した鳩山由紀夫政権が、混迷を続けた末に短命に終わった理由も、マニフェストにこだわり、優先順位の大切さを忘れ、無謀な全力疾走を始めてしまったからではないでしょうか。

8 勝負に勝ちたかったら「メモ魔」になれ（1）

これは僕が二〇代前半だったころの話です。

週刊誌の世界では「有能」で知られていた人物と、ひょんなことで知り合いとなり、たまに一杯飲む関係になりました。当時、彼は四〇代前半で、まさに脂の乗った時期に差しかかっていました。その彼の自慢は「記憶力」。酔いが回ると、よく自慢話を聞かされたものです。

「伊藤君、僕は取材で人から話を聞いても、その場では絶対にメモを取らないよ。目の前でメモを取られると、人間は絶対に緊張する。緊張すると本音の話が聞けなくなる。雑談のように聞いてあげることで、相手から本音を引き出すことができるんだ。メモらないで大丈夫かって？　話を聞いてから一日以内なら、九九パーセントは正確に相手の話を再現できるから大丈夫」

九九パーセントかどうかは分かりませんが、彼は実際、取材中にメモを取らない記者として有名だったのは事実です。聞いたことの大半は記憶し、再現できたのでしょう。ただし、これはかなり特殊な能力で、誰もが真似できるものじゃありません。

一方、彼の話す通り、目の前でメモを取られたら相手は緊張、警戒し、核心に触れる話や本音が出てこないのも事実です。相手がメモを取っている時に、油断して極秘情報を漏らすことなど絶対にありません。

逆にメモを取らず、雑談のように聞き流しているポーズを取ることで、重要な情報を引き出せる可能性が高いのも事実です。マスコミに限らず、ビジネスの世界では価値ある情報を持つ者が常に有利な立場にいることはいうまでもないこと。勝ちたいと思ったら、ライバルよりも多くの重要な情報を手に入れることです。

でも、メモなしですべてを記憶する能力を持つ人は少ないでしょう。

僕も何度か挑戦しましたが、数時間経つと半分も思い出せませんでした。お酒の入った場ではなおさらです。ただし、酒席ほど情報収集に最適の場はありません。酔いが回れば回るほど、人間は口が軽くなるからです。しらふなら絶対に喋らないような情報が、相手の口をついて出ることも少なくないのです。

そして相手を油断させるためには、こちらもある程度、お酒を口にしなければならないことになりますが、こちらがお酒と見せかけて水やウーロン茶を飲んでいることがバレたら、二度と話を聞けません。で、仕方なくこちらも飲むと、ますます記憶力が低下し、後になって大事な話をほとんど覚えていないということが、しばしば起きます。

そこで考えたのが「トイレ作戦」。すでにやっている人もいるでしょう。

お酒が入れば、誰しもトイレが近くなります。頻繁にトイレに立っても、「新陳代謝が活発なもので」とか何とかいっておけば、疑われる危険もありません。相手の話を聞きつつ、これは記憶していたほうがいいなと思うような情報が溜まったところでトイレに駆け込み、ポケットに忍ばせていたメモ帳に素早く書き込んでから、何気ない顔で席に戻ります。こうすれば、相手に気付かれることなく、情報も記録しておくことができます。そうして手に入れた情報が、後に大きな果実をもたらしたことも少なくありません。実にアナログな手段ですが、効果てきめんです。

重要な情報は、自分から取りに行かないと手に入りません。

情報のオープン度が高まれば高まるほど、逆に重要な情報、高度な情報は「クローズド」状態になっていることも、しっかりと知るべきでしょう。ちなみにこのトイレ作戦ですが、たまに酔い過ぎて字が汚くなり、後からそのメモを自分でも読めないことが何度かありました。その点はくれぐれも気を付けてください。

9 勝負に勝ちたかったら「メモ魔」になれ（2）

メモを取るクセをつけると、様々なおまけがついてきます。

まず頭の整理ができます。文字を書く以上、頭の中で一度整理し、順序立ててから始めるはずです。その作業で入手した情報の価値や信憑性、疑問点などが浮かび上がります。つまり、見えなかったものが見えるわけです。

ただし、単にメモを取るだけで終わりにしていると、せっかくの記録が宝の持ち腐れになってしまう危険があります。メモを取る行為そのもので満足していると、関連事項や時系列での整理ができないまま、ただ紙屑が溜まっていくだけという状態になりかねません。

だから一定量のメモが溜まった時点で、それらを取捨選択しながら、自分にとって必要だと思われる情報をパソコン（もしくは携帯やスマートフォンなどの情報機器）に取り込んでいくと、いつの間にか自分専用の「ライブラリー」ができます。そこから必要な時に必要な情報を、いつでも引き出すことが可能です。

人生には多忙な時期と暇な時期があります。

仕事でも、花形の部署で忙しくも充実した時間を過ごす時があれば、突然、閑職《かんしょく》に追いやられる時もあるでしょう。僕の場合もある時期、そんな状況に置かれたことがありました。客観的に見ると左遷、要するに「勝手にやっていろ」状態です。

特に決まったルーティン・ワークはなし。指示されたのは、「とにかく我が党にとって有利な情報、ライバル政党にとってダメージとなるような情報を収集しろ」ということだけでした。勤務時間も自分で自由に決められます。急にそれまでと全く正反対の状態に置かれ、当初は戸惑うばかりでしたが、ふと、こんな時だからこそできることをやっておこうと思い付き、そばにいた若いスタッフに、まずパソコンの扱い方を教わることにしました。

何しろ時間だけはありますから、覚えるのにそれほど苦労はありません。二～三週間で一応は使いこなせるようになりました。さて、そうなると次は、そのパソコンの有効利用を考える段階へと進みます。

そこで僕が思い付いたのが、膨大な数となっていたメモの整理でした。「データ・ボックス」と名付けたファイルを作成し、そこにこれまで溜め込んでいたメモの中から、重要だと思うもの、僕自身のアンテナになぜか引っかかった情報などを時系列で整理し、打ち込みました。

かれこれ十数年分のメモを整理し、文章化して打ち込むわけですから、かなりの大仕事でしたが、時間はあります。一カ月近くかけて、何とか作業は完了しました。その後、紆余曲折を経て、雑誌原稿や本を執筆する立場になりましたが、少なくとも初期の原稿や著作に関しては、このデータ・ボックスがなければ絶対に書けなかったでしょう。

このデータ・ボックスは、今も成長しています。ちなみに現在、データ・ボックスにはざっと三〇万ワードが収録されています。

リストラや事業縮小、合併買収などに限らず、会社は日々動きます。仮に日の当たらない部署や暇な部署に異動させられた場合、暇な時間を有効に使うことこそ大切です。そこでの積み重ねが、きっと将来大きな意味を持ちます。ついでにどんな時でもメモをしっかり取り、それらをいつでも活用できる状態に整理しておける人間は、いざという時に慌てずに済む人でもあるのです。

10 仕事や問題は「切り売り」せよ

菅直人という政治家は、今や誰もが知っていると思います。二〇一〇年六月に鳩山氏の辞任を受けて総理大臣になりました。ついでに彼のあだ名が「イラ菅」であることを知っている人も多いでしょう。

なぜ、そんなあだ名が付くかといえば、やたらとイラついて、そのうち怒鳴り散らすからです。ではなぜ、彼はイラつくのか？　それは、彼がそれなりに優秀な政治家であり、仕事師だからです。

それなりに優秀な人間というのは、得てして「人任せ」を嫌います。

ほとんどの事は自分でしっかりと処理できるし、そのほうが手っ取り早いからです。たまに、仕方なく誰かに任せてみると、案の定、仕事は遅いし内容もあまり褒《ほ》められたものじゃなかったりする。するとイライラしてきて、最後は「もういい、俺がやったほうが早いし、いい仕事ができる」となるわけです。

これだけ知名度もあり、世論の評価も高い政治家なのに、なぜか「次期総理には菅さんを」という声が民主党内で小さかった理由も、実はここにあります。

たぶん、小さな組織、オーナーが自分で立ち上げた組織などでは、菅氏のようなタイプがリーダーになるケースが大半でしょう。何でも自分で抱え込み、率先して問題を解決し、仕事をこなしていく人間が、当然のようにワンマン体制を敷いてトップに君臨することが、組織の維持へとつながるという論理です。

こういうタイプは中小企業などのワンマン経営者には向いていても、大企業のトップやリーダーには向いていません。優秀度からいっても「そこそこレベル」であり、トップランクの優秀度までには届かない人間が大半なのです。

本当に優秀で、大組織、大企業、果ては国家のトップに立つような人間は、多くが「切り売り」を得意としています。

つまり仕事や問題の処理を、さりげなく周囲に「おすそ分け」できるタイプです。

そして優秀な人間は、切り売りした結果について、自分で責任を取ります。周囲に分けたからといって、個別の責任まで転嫁しません。

なぜ、優秀な人は仕事や問題を切り売りするのでしょうか？　理由は三つあります。

第一に、彼らは自身も含めて人間が万能ではないことを知っています。だから全部を抱え込むより優先順位を見極め、順位が低いものについては周囲に振り分け、自身は重点課題に集中するほうが効率的だと考えます。

第二に、人材の育成という視点があります。切り売りした結果、失敗する人間も出てくるでしょう。処理スピードが「かたつむり」並みの人間もいれば、途中で投げ出す人間も出てくるでしょう。そういう連中を辛抱強く見守り、時に的確なアドバイスを与えることで、人間というのは成長していくもの。組織の維持、発展を長期的な視野に立って考えるのが真のリーダーだとすれば、自らの手で人材を育てていくのは当然のことでしょう。

僕が尊敬する数少ない政治家の一人に、後藤田正晴（故人）という人がいますが、彼は人材育成の大切さをこう表現しました。

「一〇年先を想うものは木を植え、一〇〇年先を想うものは人を植える」

第三に、切り売りは組織の連帯感を生み出すのに大きな効果があります。どんな組織も連帯感、帰属意識、結束力が生まれることで、強く大きくなります。連帯感や結束力を強めるには、組織に所属する誰もが「参加意識」を持ち、「自分も役に立っている」と思える環境をつくることが大切です。

「どうせトップが勝手にやる。自分たちは刺身のツマだから」

そう思っている人がたくさんいる組織の未来は、かなり暗いのです。

11 いかなる状況でも「オプション思考」すること

「事実は一つしかないが、真実は無数にある」

こんな言葉を知っていますか？　世間一般の常識では、「真実は一つ」ということになりますが、本当にそうでしょうか。

誰かが犯罪で逮捕されたとします。

逮捕という事実は一つしかありませんが、「なぜ、逮捕されたのか」という点については、様々な憶測や無数の解釈が飛び交います。「彼（彼女）は無実の罪で逮捕された」と見る人もいれば、「逮捕は当然の報い」と考える人もいます。中には「誰かの身代わりだ」と話す人までいるでしょうし、場合によっては本人ですら「何で？」と思っている可能性だってあります。

真実とは、そういった類《たぐい》のものだと思います。

要するに、一つの考えに凝り固まらないようにということです。

仕事でもプライベートでも同じですが、「これしかない」と思い込むと、その行動や言動に柔軟性が失われ、状況の変化や予想外の動きに対し、迅速に対応できなくなるケースが少なくありません。思惑通りに事が運んでいる場合でも、どんなに状況が厳しくても、常に「これがダメなら、あれもある」というスタンスでいること、つまり「オプション思考」を忘れないことが大切なのです。

自分の中に複数の選択肢（オプション）を用意しておけば、どんな状況に直面しても、それなりの対応が可能です。オプションを持っていないと、予想外の事態が起きた場合、全く対応できません。

クルマの運転でいえば、走っているルートがいつも順調に流れているとは限りません。事故などによって、ある日突然、大渋滞になることだってあるはず。そんな時、いくつかの迂回《うかい》ルートが頭にあれば、時間通りとはいかないまでも、何とか対応できます。オプションルートを持たない人は、ひたすら大渋滞の中で耐え忍ぶしかありません。

政治の世界で僕が学んだことの一つに「常に次善《じぜん》、三善《さんぜん》を用意しておけ」という教えがあります。この考え方も、オプション思考と同じです。

何かを「仕掛ける」時、もちろん、まず頭に浮かぶのは「最善」の結果です。選挙になり、自分が支持する候補者とライバルが激しく競り合っています。そこに、その選挙結果を左右するほどの影響力を持った人物がいた場合、もちろん最善は、その人物がこちら側の候補を全面的に支援してくれること。しかし世の中はそう甘くないもの。支援を断られることだってあります。

そんな時、「ダメだった」で引き下がればそれまで。積極的な支援を断られたからといって、そこで終わりではないのです。むしろそこからが腕の見せどころです。

積極支援がもらえないなら、次善の策はせめて「中立」でいてもらうことでしょう。「こちらの支援は無理でも、相手を応援することだけは、何とかやめてもえないか」と持ちかけてみるわけです。もしそれを相手に了承してもらえれば、ダメージはライバル候補と五分五分です。しかしそれすら飲んでもらえない場合だってあります。

でも、そこであきらめてはいけません。今度は、「ではライバルの支援を全力投球ではなく、お付き合い程度にしてもらえないだろうか?」と依頼してみるわけです。何とかOKがもらえれば、被害は最小限で食い止められることになります。

「これがダメなら、もうおしまい」と考えるか、「これがダメでも、まだあれが、あれがダメでも、まだそれが」と考えるかで、結果は大きく変わります。

どんな状況だろうと、あきらめちゃダメなのです。

12 必然性を発見できれば「予測力」が備わる

自然が引き起こす天変地異は、時に人間の予測を遥かに超える事態をもたらすことがあります。しかしながら、およそ人間が社会活動を行う中で、偶然だけが重なる形で全く予測不能な状況が生まれることは、まずありません。

偶然生み出される「必然」が、どこかに必ず潜んでいるからです。

部分的には偶然が支配する場面もあります。駅のホームでばったり出会った学生時代の友人が、ちょうど取引先を目指して開拓中の会社の担当者だった、なんていうことも、ごくたまにあるでしょう。しかしそれですべてが解決するわけではありません。その友人がどの程度の「サポート力」を発揮してくれるのか、仮にそのサポートを得たとしても、そこから先は自分の努力の積み重ねがなければ仕事は完成しません。

必然を見出すために必要なもの、それが「論理思考」です。

選挙で「当選確実」と見られていた有名な政治家や現職の大臣などが、落選という憂《う》き目に遭うことがあります。本人も含めた彼の周辺は、落ちるはずがないのに落ちたことを、偶然や「有権者の気まぐれ」のせいにしようとしがちです。

しかし決してそうではありません。

かつて、自民党の重鎮として、総理大臣候補にも擬せられたことのある河本敏夫という政治家がいました。この人、いつも苦虫をかみつぶしたような顔をしていて、およそ笑ったことがなかったため、「笑わん殿下」の異名を奉られていましたが、僕が記憶する限りで一回だけ、面白いことをいっています。

それは、「選挙の必勝法は？」と記者に聞かれた時の答えです。その場にいた記者によると、河本氏は相変わらずの仏頂面で、こういったとか。

「威張《いば》らず、油断せず、違反せず」

河本氏のこの言葉に共感する僕は、絶対的な本命と思われていた政治家が思わぬ落選をした場合、間違いなくこの「三つの戒《いまし》め」のうちのどれか（あるいはすべて）を守らなかったからだと断言しています。

自分の理解を超える事態が起きた時、それを「偶然の産物」で片付けてしまうのは、ある意味楽なことです。何しろ、それ以上はもう考えなくてもいいわけですから。

でもそれでは、いつまで経っても「先を見通す能力（予測力）」は備わりません。起きている事態や現象が、どんなに複雑怪奇でも、その中に「必然性」を見出す努力が何より大切なのです。そもそも「何が原点」で「どういう経路」をたどり、「なぜこういう結果」を生み出したのかを論理的に検証すれば、大なり小なり必然性の発見に結び付くからです。

つまり論理的思考や必然性探求という姿勢を積み重ねていくと、知らず知らずのうちに予測力が身に付きます。論理的思考によって必然性を発見できると、それが過去の検証であるばかりでなく、高い確率で「その延長線上に何が想定できるか？」が見えるからです。

先が読める人間は、「その他大勢」から一歩も二歩も抜け出すことができます。つまらないことに、いちいち巻き込まれずに済むわけです。ストレスも溜まりません。

そんな予測力を身に付ける、あるいは磨き上げるために必要なもの、その基本にあるのが論理的思考です。

第三章

思い込みを捨てて、疑ってかかれ

1 常識を疑い、他人の評価を気にしない

グッチにプラダ、シャネルにルイ・ヴィトン、ティファニー…。いわゆるブランドの、世界における販売総額に占める国別ランキングで、二〇〇九年、ついに中国がトップに立ちました。二位は前年までトップの座にあったロシア、三位には日本が入っています。ちなみに、ちょっと前までは日本が一位の座を保っていました。

トップの座を譲ったとはいえ、中国とロシアという「新興成金大国」に次いで三位を守っているのはさすがです。「ブランド好き・日本」の面目躍如《めんもくやくじょ》といったところでしょうか。

そもそも日本人は、なぜこれほどまでにブランドが好きなのでしょうか?

街を歩くと、どう考えても三〇代後半から四〇代以降の落ち着いた「貴婦人」にしか似合わないような何万、あるいは何十万もするバッグを、一〇代の若い女性がぶら下げて歩いています。情報番組では、ボロアパートに住んで食事も節約し、給料の大半をブランドに注ぎ込む若い人たちが、恥ずかしげもなく登場します。

彼女（もしくは彼）たちの話を聞いていると、「雑誌やテレビでよく見かけるから」「み

んな持っているから」「流行っているから」というあたりが、モチベーションの中心にあるようです。

これは、行列のできるラーメン店のラーメンは、みんなおいしいと思っている人の発想と同じです。当たり前ですが、味覚は普遍化できるものじゃありません。他人が、あるいはマスコミが「おいしい」というからおいしいのだと、無理やり思い込んでいるだけです。脳が騙されているのだと解説した学者もいました。

彼らが「みんな」と口にする言葉は、彼らの論理でいうところの世間です。つまりみんなの常識イコール、世間の常識（つまり物差し）ということになります。

広辞苑によると、常識とは「普通一般人が持ち、また持っているべき標準知力」だそうです。さらにこの国では、「非常識」という言葉に、強い非難の意味を込めて使われます。ではお聞きします。非常識って、そんなにいけませんか？　常識は時代の流れによって、実はコロコロ変わるものだということを、皆さんも薄々気付いていらっしゃるのではないでしょうか？

コロコロ変わる常識を、後生大事に持っているのもどうかなと思うわけです。

だからこそ僕は、あえて非常識な人間になることを勧めます。まずは世間の物差しを捨て、「自分の物差し」を持つこと。ではどうすれば、自分の物差しが持てるのでしょうか？

一見、難しそうに見えるかもしれませんが、実はそれほど難しくありません。何かを見たり聞いたり体験した時に、常に自分がどう感じているかを、素直に自分に問いかけること。たったそれだけです。嫌なものは嫌だし、好きなものは好き。他人の評価は気にしないこと。それを続けていると、必ず自分の物差しが生まれます。

野原に行った時に、腹ばいになり「虫の目線」で草むらを眺めてみると、いつもと違う世界が広がっていた…子供のころにそんな経験をお持ちの方も少なくないでしょう。アリと目が合ったり、小さな雑草がジャングルに見えたり。「人間の目線」で上から眺めていた風景とは、違った世界が開けてきますよね。そんな感覚です。

常に常識を捨てろとまではいいません。

時にはちょっと視点をずらすと、物事の本質を見ることができるかもしれません。

2 情報には「ウラ」があることを忘れずに

情報とはそもそも何でしょうか？

それにはまず、発信源となる「何か」が必要です。誰かが事件を起こした、どこかで地震が起きた、女優の誰かと男優の誰かが密会していた…大雑把ですが、こんな具合です。

しかし何かがあっただけでは、情報ではありません。当事者以外の誰かがそれを察知して、複数の特定、あるいは不特定の人たちを対象に、その「内容」を流通させなければ情報にはなりません。

つまり情報は、それがどんなものでも必ず誰かしら人を「通過」するものです。

さらに人の手を経たものは、すでに「無色透明」ではありません。通過した人の体内にあるフィルターにかけられることによって、何らかの加工が加えられています。

事件や事故は、そのこと自体が「情報源」ですから、裏も表もないように思うのは当然です。ただし、実はそうとも限りません。仮にある時、ある場所で、自動車の衝突事故が起きたとします。その情報は何らかのメディアを通じて流され、情報化されるわけですが、その情報をネットなり電波なり活字なりに変化させる際、担当する人間の使う言葉がほんの少し違っただけで、受け手側の抱く印象は大きく変わります。衝突事故で「○○でAとBが衝突しました」と発表すると、受け手側はその責任が五分五分に感じるでしょうし、「○○でAがBに衝突しました」と発表すると、Aが加害者でBが被害者に見えます。

情報の送り出しに関わった人間の、単なる勘違いや思い込みであっても、受け手側は確認のしようがありません。まして発信源となる何かを人間がつくり出すことによって生み出される情報の場合、そもそもスタート段階から人の手が加わっているわけですから、裏と表があると見て間違いないわけです。

僕は今、政治の現場である永田町には、必要以上に行かないようにしています。

なぜだと思いますか？

永田町に行けば、当然、いろいろな政治家と会います。会えば話をしますが、そもそも政治家は嘘、というのはちょっといい過ぎかもしれませんが、要は自分に都合にいい話しかしない傾向が強いものです。

彼らと会って話せば話すほど、「裏のある情報」が溜まり、かえって客観的に状況を把握することができなくなるからです。要するに裏のある話、何らかの意図を含んだ情報によって、こちらの目が曇ってしまうわけです。

自分の目や耳に飛び込んできた情報が、果たしてそのまま信用していいものかどうか、その情報に裏があるのかどうか、あるとしたらそれは何なのかを見抜くのは、なかなか難しいことでもあります。それぞれの分野の専門家であっても、情報の「裏を取る」作業はかなりの労力を要するものです。まして一般の人たちにとっては、極めて困難な作業に思えるでしょう。

しかし、できることがないわけじゃありません。

最もポピュラーなのが、「クロスチェック」です。クロスチェックとは、ある情報が入ってきた場合、それをそのまま受け入れるのではなく、他のメディアや情報源を使ってチェックする方法です。複数の情報ルートで確認し、内容がほぼ一致していたら、その情報の精度はかなり高いと判断していい、ということになります。

ちなみにその入手した情報に対して、常に「裏があるかもしれない」という警戒心を持ち続けることも忘れてはなりません。

3 専門家の「予測」は、なぜ外れることが多いのか？

たまにテレビを見ていて、思わず笑ってしまうことがあります。

ニュース番組で、「○○総合研究所主任研究員」なる人物が、日本経済の見通しについて「上期はまだ厳しい状況が続くでしょうが、下期には明るい兆しが…」とか「今後は設備投資が一層活発化して…」などと話している場面をよく目にすると思います。

思わず「なるほど」とうなずいてしまいそうになりますが、その主任研究員が所属しているシンクタンクの親会社が、倒産寸前の証券会社や吸収合併が噂される銀行だったりすると、ちょっと待てといいたくなります。

それほど正確な経済予測ができるなら、まずは親会社の「経営予測」をしてあげるとか、経営危機に陥る前に方針転換を指導してあげればいいものを、と考えてしまうのは僕だけでしょうか。

現在の仕事を始めて以来、僕は選挙が近付くたびに、様々な週刊誌の編集部から「選挙の当落予想をやってほしい」と依頼を受けましたが、すべて断ってきました。なぜなら、予想ができないからです。

約三〇年間、政治の世界にいた僕は、その間、数え切れないほどの選挙を経験しました。特に最後の四年ほどは、野党第一党（当時）の民主党事務局長として二回の参議院選挙と一回の総選挙で、事務方レベルの指揮を執りました。

三回の選挙では、終わるたびに体調不良を感じて胃カメラを飲み、その都度、医師から「立派な胃潰瘍《かいよう》です」と太鼓判を押された経験があります。ちょっと大げさにいえば、体を張って選挙に取り組んでいたことになります。

そんな僕の実感でいうと、もちろん例外はありますが、ほとんどの場合、その選挙が「今回は調子がいいぞ」、あるいは逆に「今回は負けだな」という感じで、勝敗がはっきり見えるのは、せいぜい投票日の四～五日前くらい。

正直いって、それ以前は五里霧中です。

何しろ選挙は「水もの」です。

突然、風が吹いたり止まったり、投票日の天気次第で投票率も大きく変わります。投票率が数パーセント変わるだけで、政党ごとの獲得議席数が二ケタ単位で変わることなど、いくらでも例があります。

また、選挙結果を最終的に左右するのは、「激戦」となっている選挙区で、当然、最後の最後まで予断を許さない選挙戦が繰り広げられます。

というわけで、選挙予測がいかに難しいかを肌で感じてきた僕は、怖くてとても選挙結果など予測できません。

選挙予測だけでなく、様々な分野の専門家による予測（特に経済予測）は、外れることが少なくありません。その分野の実態を熟知しているはずの専門家が、なぜ予測を外すのか、疑問に思う人も少なくないでしょう。どうして予測は外れるのか？

その理由の一つに、「内輪《うちわ》の常識」にとらわれてしまうというものがあります。政治の世界にいたころも、現在でも、心の中では「多分、こうなるだろう」という選挙結果の予測をすることがあります。しかし正直いって、かなり「外れ」が多いのも事実です。

どうして外れるのかを考えてみると、僕自身がすでに政治という世界で内輪の人間になってしまったために、外側から客観的に分析・整理できず、内部の常識や過去の体験に基づく「思い込み」に引きずられてしまうからだと考えています。

一度だけ経験したことがありますが、台風の目の中に入ると、そこは周りの嵐が嘘のように静まり返っていました。様々な分野の専門家と呼ばれる人たちの中には、いつも台風の目の中に入り込んでしまい、周りの状況が見えなくなっている人も少なくないのではないでしょうか。

4 「WHY」と考えるクセをつけること

今はどうか知りませんが、少し前までは記事を書く仕事に就いた人間が、必ず先輩から教えられたのが「5W1H」でした。「5W」とは「WHAT（何を）」「WHEN（いつ）」「WHO（だれが）」「WHERE（どこで）」「WHY（なぜ）」であり、「1H」とは「HOW（どのように）」のことです。

これはニュース原稿を書く際のセオリーですから、その他の職業に就いている人間からすると、一見「関係ない」と思いがちかもしれません。でも実はこの「5W1H」、物事を論理的に考えるために、極めて便利な「ツール」なのです。乗り越えなければならない課題にぶつかった時、「さて、どこから手を付ければいいのか？」と思案することがありますが、そんな時に「5W1H」を思い出してください。

たとえば、「WHO（誰）」がキーマンであり、「WHAT（何）」を最優先に考え、「WHY（なぜ）」こうで、「WHERE（どこ）」で勝負し、「WHEN（いつ）」までに結論を出し、最終的には「HOW（どのように）」処理すべきか、という具合に使っていけば、問題解決のためのヒントを与えてくれる「言葉群」になることは間違いありません。

中でも本章のテーマである「思い込みを捨てて、疑ってかかる」ために、最も重要なキーワードが「WHY」です。


知的好奇心に充《み》ちあふれていたころ、つまり子供時代を思い出してください。

何を見ても、何を聞いても、何を触っても、あなたの口から出た言葉は、「何で？」「どうして？」だったはず。周囲の大人から答えを聞くたびに、あなたは一つずつ知識を身に付け、成長していったはずです。ではなぜ、大人になると問いかけることをやめてしまうのでしょうか？

人間はいくつになっても成長できる動物です。

老人は確かに、体力面では成長を望めませんが、経験に基づいた判断力や、蓄積された知識を活用した分析力などは、何歳になっても努力次第で成長を続けることができます。その「人間としての成長」にとって、なくてはならないツールが「WHY」なのです。

常識にとらわれた人たちが、「これは右に決まっているから」という中、「どうして左ではいけないのか」と考えることが、成長するためのカギを握ります。結果的には「右」になるかもしれませんが、「左」もあること、もしかしたら「左」でやれるかもしれないと考えることで、あなたの思考の幅がグッと広がるからです。

普通の人たちには「右」しか見えていないのに、あなたには「右」と「左」の両方が見えています。同時に「左でやれるかもしれない」と考えることで、「右と左」の比較対象、その評価が、頭の中で自然にでき上がっていることにもなるのです。

何事も、「世間の常識はこうだから」「みんながそういうから」と、無思考に動くのではなく、常に「WHY?」と問いかける姿勢が、これまで見えなかったものを見えるようにしてくれます。

「なぜ?」と考え続けるのは疲れるし、周りからは「うるさい奴だ」「面倒な奴だ」と思われることがあるかもしれません。しかしその習慣は、確実にあなたの成長へと結び付きます。逆にいえば、「なぜ?」と問いかけない人、あるいはそんな組織は、その時点で成長が止まっていることになります。

5 思い込みのせいで孤立する

「ブレない人間」と「頑固《がんこ》な人間」は紙一重に見えますが、大きな違いがあります。日本の総理大臣を見ても分かるように、発言がコロコロ変わったり、昨日まで「政治と金の問題で、秘書が罪を犯したら政治家本人も同罪、直ちに議員バッジを外せ」といっていたくせに、自身の問題になった途端、「すべて秘書がやったこと、僕は何にも知らない」と開き直るのは、まさに「ブレ」そのものです。

ブレない人間とは、自分の中に一貫した考え、理念といったもの、いわば「心棒」のようなものを持っている人間です。ただし、それが単なる「頑固者」と違うのは、「心棒は揺るぎないが、対応は柔軟に」という発想を持っている点です。

仕事でもプライベートでも、他人の意見にばかり左右されるのではなく、自身の考えを持つことは極めて重要です。自分の物差しを持つことで、人は進化を重ねることができます。しかしその物差しは、あくまでも自分自身の発想や評価のための「道具」です。正しい使い方をすれば強力な武器になりますが、間違えるとむしろマイナスになることもあるわけです。

頑固者の問題点は、その物差しを一度、あるいは一方向から当てただけで、「それはこういうものである」と決め付けてしまう点です。「思い込み」というやつです。

自身の物差しを使う時に大切なことは、その対象に、縦、横、斜めなど、様々な角度から視点を当ててみること、さらに時間が経過する中、事態は刻々と変化するわけですから、視点を何度も当て直し、修正を加えることです。

話がちょっと逸《そ》れますが、僕はバイクが趣味です。

たまに友人たちとツーリングに出かけます。最近はバイクにも「ナビ」が付くようになったから滅多になくなりましたが、以前はよく道に迷いました。そんな時、最も始末に悪いのが、思い込みの激しい人間です。「こっちだ」と自信満々にいわれて付いていくと、とんでもない方向に進んでしまうことも少なくありません。「何でこっちに来たんだ?」と聞くと、特に何の根拠もありません。彼らは予測と思い込みの違いが分かっていません。

予測はあくまでも種々のデータや情報に基づくものですが、思い込みは単なる勘にすぎないのです。
思い込みで突っ走る人間は、時に「厄介者《やっかいもの》」扱いされます。彼らに客観的な事実やデータを基に説明しても、「そんなはずはない」と頑張るからです。
その結果、周囲が迷惑を被り、やがて誰からも相手にされず、孤立していきます
何事においても、それが思い込みなのか、それともきちんとした予測なのかを、常に自分の中で問い返すことが重要です。

6 自分の出した結論さえ、一度疑ってかかれ

人は誰でも、自分の出した結論が「最良」だと考えるし、その結論にこだわります。考え抜いて出した結論ならこだわるのは当然だし、ほかに策がないと思ったからこそ、その結論を出したはずだから、「もう一度考え直せ」などといわれたら、冗談じゃないと思うに違いありません。

ただ、そこでちょっとだけ立ち止まり、その結論が自分の目、頭だけで導き出したものではなかったか、再度チェックしてください。

最終的に決断し、一定の結論を出すのはあなた自身ですが、そこに至る過程で、様々な角度からの検討や分析が加わっているかどうかが重要ポイントだからです。つまりその過程において、他者による関与があるほうが、導き出された結論はより妥当性が高いのです。

誰にも相談せず、誰の知恵も借りずに出された結論には、必ずといっていいほど、思い込みが紛れ込んでいます。

僕の著作に『政党崩壊　永田町の失われた10年』（新潮新書）というものがあります。初めて出版した本だけに、思い入れも苦労した記憶も多いものですが、中でも思い出すのは、細川（護熙《もりひろ》）政権の誕生についての部分を書いていた時のことです。

一九九三年に発足した細川政権は、鳩山政権同様、自民党から政権の座を奪う形で誕生しました。それだけに、「新しい政権」というイメージを高めるための様々なパフォーマンスが繰り広げられました。

閣僚が決まった後の記念撮影もその一つです。それまで、記念撮影は総理官邸の正面玄関を入ってすぐの階段で行うのが決まりでしたが、細川首相（当時）は緑の芝生が広がる官邸の中庭で行うという、新しいスタイルを選びました。

ちょうどその場面を文章化していた時のこと。居並ぶ閣僚たちが、にこやかな笑顔を浮かべ、手にグラスを持ち、乾杯の仕草《しぐさ》をしていたところまではしっかりと記憶していたので、すらすらと書くことができました。

ところがふと、そこでキーボードを打つ手が止まりました。それまで、この場面についてはめでたい席でもあるし、グラスの形状からも中身はシャンパンに違いないと思い込んでいたのですが、突然「本当にシャンパンだったのだろうか？」という疑念が頭に浮かんできたのです。

さまつなことかもしれませんが、気になり始めたらそのまま放っておけない性分。早速調べ始めましたが、過去の記事を調べても、インターネットで検索しても、一向に判明しません。結局、国会図書館まで出かけて一日がかりで調べた結果、ある地方紙の記事でようやく答えを見つけました。

グラスの中身は、何と「日本酒」だったのです。

文章にすればたったの一行。大多数の人にとって、シャンパンだろうが日本酒だろうがどうでもいいことでしょう。それを調べるのに丸一日使ってしまったことになりますが、決してムダな努力とは思いませんでした。

自分なりに結論が出ていることでも、「ひょっとしたら、自分の思い込みかも」といった疑念が少しでも残るようだったら、徹底的に調べ直す、あるいは考え直すことが必要です。それを習慣付けることができると、しめたもの。思い込みから誤った結論を導き出すというリスクが、大幅に減少するはずです。

7 見えているつもりでも、見えないものがある

アフリカに住む民族には驚くほど視力がいい連中がいて、我々が最高視力だと思っている「二・〇」を遥かに超える人たちも少なくないそうです。

それはそれで驚きですが、別の角度から考えると、私たちは通常、この「見る」という行為に関して、「目がいい人」と「目が悪い人」くらいの区分でしか考えていないと思います。

トンボは「複眼」ですが、一本の木はトンボの目にどう映っているのでしょうか。人間が通常、見ているものと全く違ったものが、トンボの目に映っているわけです。犬なども、色彩を見分ける能力がほとんどなく、いわば「モノクロ写真」に近い映像の世界にいると

いわれます。ただその一方、犬は暗いところでものを見分ける能力が人間より遥かに上だとか。同じものを見ていても、人間とそれ以外の動物とはかなり「違ったもの」を見ているわけです。

視力の良し悪しや識別能力はさておき、人間の場合、同じ対象物を見ている際、誰もが同じように見ているのでしょうか？

「当然同じだ。グラスはグラスだし、卵は卵」

そう思いがちですよね。でも本当にそうでしょうか？

高価な「バカラ」のグラスがあるとします。まずはそのグラスをバカラだと認識している人と、バカラを知らない人とでは、目に映っているものはかなり違っているはずです。人間が何かを見る場合、単に目に映るものをそのまま脳が記号として認識するのではなく、認識の過程でその人が持つ知識や評価基準、経験などを加えた形で、最終的な認識が生まれるからです。

バカラだと知っている人は、それがかなり高価であること、鉛の含有量が多いため、持つとズシリと重いことなどをイメージしながら見ているはずで、知らない人は単なるガラスの塊《かたまり》に見えるかもしれません。

誰しも他人の目でものを見ることはできません。たった一個のグラスでも、「きれいだな」と思って見ている人、「無機質でつまらない物体だ」と思って見ている人、「割れると危ないな」と思いながら見ている人など、様々です。

グラスでさえそうなら、目の前の光景や人の顔、表情はもちろん、様々な文字や映像、数字、データなど、私たちが日常「見ている」もの、「見ている」つもりのものも、人によって違うものに映っていると考えるほうが正しいでしょう。

同じ場所で同じ対象物を見ているはずなのに、見えている人と見えていない人がいるわけです。つまり知識、蓄積、集中力、経験、それらを瞬時に動員できる人には、ほかの人には見えないものまで見えるのです。

データ一つとっても、作成者の意図やデータ上には表れていない背景や事情などを読み取れる人間と、単にそれを鵜呑《うの》みにする人間とでは、見えるものが全く違うはず。見るという行為は、一見何の努力も不要のようであり、誰にでも平等に見えるし、誰が見ても同じに見えているようで、実は誰も同じものは見ておらず、目の前にそれがあっても見える人と見えない人がいるのです。

8 どんな世界でも、関心力のある人だけが成功する

野次馬根性と好奇心。

一見、ほとんど変わらない「紙一重」のような関係だと思うかもしれません。どちらも、ないよりあったほうがいいものでしょう。

ただし、野次馬根性と好奇心の間には、大きな違いがあります。

どちらも、「見たい、聞きたい、知りたい、感じたい」という点では共通しますが、そこから先が大きく違います。

野次馬根性は、「見た、聞いた、知った、感じた」という時点で満足してしまい、その時点で完結します。僕はかつて、東西統一からほどない時期の旧東ドイツを訪問しました。

当時、この地域は大変な窮状で、失業率は二〇パーセントを超えていました。しかし人々は、かわいらしい庭のある小奇麗《こぎれい》な家に住み、静かにゆったりと生活しているように見えました。どんな小さな田舎町に行っても、そこには必ずコンサート・ホールがあり、日曜の午後、人々は精一杯着飾り、オーケストラの演奏を聴きに行っていました。

野次馬根性の場合、この旧東ドイツという統一前にはとても入り込めない地域に足を踏み入れたことで満足し、「いやあ、意外にのんびり暮らしていたよ」といった感想を含め、見てきたことを知り合いに話して終わりでしょう。

しかし好奇心は、「見た…」だけでは満足しません。

自分が見たものや、知ったことに対し、より深く入り込み、自分が見たものは一体、どのようにして出現したのか、知ったことを自分の中でどのように消化し、それをどう活用すればいいのかという方向に進みます。

経済的に追い詰められているはずなのに、なぜ旧東ドイツの人たちはゆとりを持った生活ができるのかと考え、そこから、「そもそも人間にとって、豊かさとは何なのか」、あるいはコンサート・ホールの存在は、コミュニティーにとって何を意味するのかなど、様々な方面へと広がります。

好奇心を高めていくと、社会を生き抜いていくための極めて重要なキーワードである「関心力」へと昇華します。

関心力の低い人は、漠然と見たり、聞いたり、感じたりしているだけで、いくら経験を重ねても、それらは栄養にはなりません。一方、目に入るもの、耳に飛び込んでくる音、風景、言葉などに対して、意識的に関心を持つことで、人は確実に進化します。関心を持って「見たもの」「聞いたこと」「感じたこと」は、体内に栄養となって蓄積されるからです。

その蓄積こそ、何かに挑戦する時、大きな武器になります。まずは野次馬根性から好奇心へ。

9 成功への道筋だけでなく、あえて失敗への道筋も想像する

イメージ・トレーニングと聞くと、恐らく大半の人たちは、スポーツや仕事、中には恋愛で成功している自分を思い描くことだと思うでしょう。

事実、スポーツの世界では、試合で自分が勝っている姿をイメージさせることで、メンタル面での強化を図り、実際の試合でより力を発揮できるような選手に育てることが当たり前となっています。

もちろんこの方法も、効果があることには間違いありません。

しかしスポーツの試合でも、ビジネスにおける勝負でも、頭の中で描いた「成功イメー

ジ」通りに、ことが運ぶとは限りません。時には、事前に想像もできなかったような事態に直面し、何もできないまま惨敗するといったケースもあります。

では、それは本当に想像もできない事態だったのでしょうか？

もちろん、中にはそういうケースもあるでしょう。しかしほとんどの場合、全くの不可抗力といってもいいような、想像もできないような事態ではなく、いわゆる「想像していない事態」が起きたための敗北ではなかったのか？　考えてみてください。

この「できない」と「しない」には、大変な違いがあります。

もし、そういう事態まで想像「しておく」ことができれば、その時になって慌てずに対応できるだけの余裕が生まれます。

成功への道筋を思い描くイメトレも大切ですが、万全を期すのであれば、あえてその逆の「失敗への道筋」をも思い描くことが必要だと思います。

かつて選挙が行われるたびに、勝った場合と負けた場合について、選挙後、どのような体制をつくり、他党とどのような関係を構築していくべきかといったことを、細やかにシミュレーションしていました。

勝った場合は、比較的簡単です。勢いに乗って相手を追い詰めていけばいいだけ。しかし負けた場合は、かなり複雑でした。敗北の責任を誰に取らせるか、どの程度の負け方ならトップの交代が必要か、その場合、新たなトップには誰が適任で、その新体制の目玉となる人材は誰にして、その人間をどのポストに就ければいいか、何より反転攻勢をかけるための材料は…考えなければならないことが、山ほどありました。

気が重くなる仕事ですが、それをやっておかないままで敗北した時の混乱は、まさに目を覆《おお》うほどの惨状となることもまた事実です。

ビジネスマンならすぐに理解できると思いますが、プロジェクトを組んで事業に乗り出しても、成功するとは限りません。万が一、失敗に終わった場合、「事後処理」が的確、迅速に行えれば、ダメージを最小限に食い止めることができます。

誰だって、まだ失敗もしていない、敗北もしていないのに、その光景を頭の中で描き出すのは辛い作業でしょう。まして何かを始める前に、その結果としてもたらされる「最悪の事態」を想定するのは、口でいうほど簡単ではありません。

しかし、事態が悪い方向へと向かっていることがはっきりした時、成功イメージしか描いていなかった人は、どう対応していいか分からず、その場に立ち尽くす以外にありません。一方、最悪の事態まで想定していた人は、状況が不利になっても、「この程度なら、挽回《ばんかい》は十分可能」と、余裕を持って考えることができます。

最悪を、あるいは失敗を、想像する勇気を持ったものだけが、ギリギリまで追い詰められても踏ん張れるのです。

第四章

ウォッチする技術

1 「人・物・金・情報」は時間軸で変化する

この世に生を受けた誰にでも平等に与えられるもの。それは「時間」です。同時に「時」は、どれほどの権力、金力、能力を持ったものでも、その進行を止めることができません。どれほど充実した、あるいは喜びに満ちた時を過ごしていても、時間は淡々と過ぎ去っていくものです。

私たちにできることは、それをいかに有効に使うか、一歩進んで、どれだけ意識的に使いこなすか、ということしかありません。同時に、止まることのない時間の中で生きている人間は、常にその進んでいく時間とともに変化を遂げていることも、意識しておく必要があります。私たちが時間の中で生きている限り、それに逆らって変化を止めることはできないはずだからです。

かつて産業構造は、「三〇年周期」で変わるといわれました。

どれほど隆盛を極めた花形産業でも、三〇年程度で新たな産業にとって代わられるという意味です。戦後の日本は、石炭→繊維→鉄鋼→非鉄金属→電機→自動車→サービス→I

Tと、その時々で花形といわれる産業が変化してきました。どれほど栄華を誇った産業、企業でも、やがて衰退します。何も産業、企業に限ったことではなく、人も物も金も情報も、あらゆるものは時間軸の中での変化を免《まぬが》れません。

人の心は変わるもの。物の存在理由や価値だって、時間が移る中で変わります。金だって、〇千円、〇万円という額面こそ変わりませんが、時が経てばその「価値（交換価値）」は大きく変わります。ちなみに僕が就職した約四〇年前の初任給は、確か一万三五〇〇円でした。

人が動くことが基本にある以上、情報もまた時間の経過とともに、刻々と変化します。政治の現場にいたころは、いわゆる「情報戦争」の日々でした。相手より一秒でも早く情報を入手することが、戦いに勝つための最低条件です。一秒遅れれば、その情報はすでに誰かを経由することで加工され、変化しているかもしれないからです。

昨日、価値のあった情報が、今日は無価値になっていることも少なくありません。

時間は誰にでも平等に与えられます。だからその使い方次第で、短くも長くもなるものです。いわゆる「可処分時間（自分の自由になる時間）」をどれだけ持てるかで、勝負は決まります。

すべては時間軸の中で変化し続けるということを知り、その変化をいかに利用するかが身に付けば、時間を「味方」にしたことになります。時間ほど強い味方はありません。

2 キーパーソンの「クセ」を見抜け

「なくて七クセ」という言葉があります。

人は誰でも「クセ」を持っています。そしてクセは、大体の場合、当人が気付いていないことのほうが多いようです。照れるとしきりに髪の毛をかき上げる人、嘘をついている時には小鼻が膨《ふく》らんでいる人、懸命に何かを考え込んでいる時に耳たぶを引っ張る人…様々なクセがあります。

相手の心が読めたらいいのにと思うことは、誰にでもあると思います。目の前にいる相手の心が見抜けたら…かなり魅力的ですね。

相手が口では「いやー、その金額ではとても飲めませんね。それじゃあ、うちの利益はゼロですよ」といいながら、心の中では「そろそろこの辺で手を打つか。この金額なら十分利益は出るし」と思っていることが分かれば、これほど楽なことはありません。

幸か不幸か、特殊な能力の持ち主はさておき、一般人は人の心を読むことなど、ほとんど不可能です。ただし、心は読めなくても、相手が何を考えているかを、ぼんやりと察知することは、決して難しいことではありません。

そのカギを握るのが「クセ」です。

相手をよく観察していれば、いくつかのクセを発見できます。ただし、隣のデスクに座る同僚のクセをいくら熟知しても、大して役には立ちません。相手のクセを見抜くには、それなりの努力と観察眼と粘りが必要です。となれば、見抜く相手は当然、仕事であろうがプライベートであろうが、自分にとっての「キーパーソン」です。

自分の今後の処遇面でのカギを握る人物（上司）を観察して、「この人が会議中にネクタイを緩めた時は、そろそろ終わりたいというサイン」だと気付いたら、後は簡単。実際に上司がネクタイを緩め始めたタイミングで、「意見も出尽くしたようですので、今日はこの辺で」とやれば、上司は「空気が読めるな」とあなたに関心を持ちます。

政治の世界なんて、人間同士が日々騙《だま》し合いを繰り返しているようなものですから、いわば「人間観察合戦」のような状態です。国会質疑で、ある総理は心理的に追い詰められるとおしぼりで顔を拭《ふ》くとか、某大臣は嘘の答弁をする際にネクタイをいじるといった話が、常に飛び交っています。

クセとはちょっと違いますが、キーパーソンの生活習慣というか、行動特性を把握することも、かけ引きの中ではかなり重要な武器となります。

例えば、相手が自分の会社を訪ねてきた場合、コーヒー党か紅茶党かを分かっていれば、「コーヒーですか? それとも紅茶にしますか?」といちいち聞かず、スッと紅茶（コーヒー）を出せます。相手は決して悪い気がしないでしょう。

まずは相手を注意深く観察すること。そこから、次の展開が見えてきます。

3 未来のヒントは過去にある① 〈特定分野の分析は一〇年分やる〉

専門家という奴は、得てしてその分野に入り込み過ぎることで、「内輪の論理」に絡《から》め取られてしまい、客観的な視点を忘れがちであることは、前に触れました。

ただしその一方、長期に亘って特定分野を見続け、分析することでしか見えてこないものもあります。もちろん、その場合でも「入り込み」過ぎないことが大切。自分がその世界のプレーヤーになってしまわないことが肝要です。

「外からの目」を持ち続ける一方、対象に肉薄するところまで接近するというのは、なかなか難しい作業ですが、強《し》いていえば「常に半歩程度の距離を置く」という表現が適切かもしれません。

新聞やテレビの政治担当記者でいえば、政治家に取材する際、相手と仲良くならなければディープな情報は入手できません。しかし仲良くなり過ぎると、相手の立場を考え、せっかく手に入れた貴重な情報を報道できなくなるというジレンマに陥ります。

そういう記者の中には、深入りし過ぎて、いつの間にか特定の政治家の仲間になってしまい、政争の片棒を担ぐことで内部のプレーヤーになってしまう人もいます。ちなみに新聞社やテレビ局の幹部クラスが、政府の「〇〇審議会」などの委員になること自体、すでに絡め取られている状態かもしれません。

そういうことまで含め、あえていうと、何か特定の分野を最低でも一〇年分継続・分析することで、ようやく見えてくるものがあります。なぜ最低一〇年分、必要なのか。答えは文字通り、「一〇年ひと昔」だからです。

政治の世界にせよ経済や産業界にせよ、あるいは他の分野でも同じですが、そのジャンルで起きていることの背景には、必ず「過去」が大きな影を落としています。過去に何が起きて、その時の当事者、あるいは勝者と敗者が誰であったか、といったことが分かっていないと、現在起きていることの意味は根底から理解できません。

最高権力者となった小沢一郎氏を見ていて、直感的に「彼はミニ角栄だ」と気付くには、ある程度、長期に亘《わた》る過去の政治、政治家動向の分析がバックグラウンドにないと難しいでしょう。

二〇〇九年の総選挙で民主党を圧勝に導いた「小沢流・選挙戦術」にしても、過疎地から運動を始めて最後に都市部へ攻め上るという「川上作戦」や、新人候補者に一日五〇回の「辻立ち」をノルマに課すやり方、さらに小沢秘書軍団を新人候補に張り付け、選挙を仕切らせるシステムなどは、すべて「田中角栄の直伝」だという事実を知れば、これまでは見えなかった様々なものが姿を現します。

ただし、何十年も遡《さかのぼ》って分析するのは、とても困難です。

それは誰にでもできる作業ではありません。そこで「一〇年」というわけです。

どんな分野にも、いつの時代にも、「サイクル」（周期）があります。

ファッションの世界では一定のサイクルで流行が繰り返されますが、他の分野も、よく見ると同じようなもの。「歴史は繰り返され」ているし、それもおおむね「一〇年」サイクルである場合が少なくありません。

まずは「一〇年」というサイクルをきちんと把握してみること。

それができれば、不思議なくらいに、それより遥か以前も見えてきます。今起きていることが過去の何に関連しているか、過去に起きたどの事態と同じパターン、あるいはその変形バージョンなのかが、明確に見えてくるはずです。

4 未来のヒントは過去にある②〈小泉元首相が本当に壊したかったもの〉

なぜかいまだ人気が衰えず、初当選したばかりの息子が早くも「未来のリーダー」視されているのが、小泉純一郎元首相です。

忘れてしまった人も多いと思いますが、小泉氏が自民党総裁に就任した当時、最もウケたフレーズが「自民党をぶっ壊す」でした。結果的に、小泉氏は本当に自民党をぶっ壊してしまったといえますが、それはひとまず置くとして、当時、彼が「ぶっ壊し」たかったのは、実は自民党ではなく、党内の抵抗勢力でした。

抵抗勢力を別の言葉に置き換えると、小泉政権誕生までの数十年間、常に自民党を牛耳ってきた田中角栄氏の後継者たちを指します。ちなみに今、角栄氏の「真の後継者」は、民主党の小沢一郎氏であることはいうまでもありません。

なぜ小泉氏は、そこまで田中角栄氏とその後継者たちを憎悪していたのか？

その答えは、小泉氏の「過去」にあります。小泉氏は衆院選挙に初出馬した際に落選、その浪人中に福田赳夫氏の秘書となり、当選後も一貫して福田氏の弟子でした。その福田氏がどういう政治家だったかといえば、田中氏とは永遠のライバル関係であり、あの「角福戦争」に敗れたのをはじめ、三度田中氏と戦い、三度とも敗北した人物です。

小泉氏は角福戦争当時、福田氏の秘書でした。尊敬する福田氏が、田中氏とその子分に「数」と「金」の力で叩きのめされるのを目の当たりにし、憎しみを募らせていたに違いありません。自民党総裁、総理大臣となった小泉氏は、積年の恨みを二〇年後に晴らすことになりました。

郵政民営化は、ある意味その象徴でしょう。郵政利権は、常に田中氏とその後継者たちが牛耳ってきた「金蔓《かねづる》」だからです。

民主党が自民党に代わって政権の座に就き、国民新党の亀井静香代表の意向を汲《く》む形を取っているものの、郵政民営化の見直しは着実に進んでいます。

その政権の最高実力者は前述したように、田中氏の真の後継者である小沢氏。何だかモヤモヤしていた構図が、はっきりしてきませんか?

今起きていることの理由、背景、構図といったものが、はっきり見えなかったら、まず過去に戻ることが大切です。どんな事象や現象も、「今」だけの存在だったり、何もないところから全く突然に生み出されることはありません。そこには、何らかの過去の積み重ねがあります。

何の準備も経験も蓄積もないままのあなたに、いきなり一〇年後の会社の経営戦略を描けという指示が下りたら…恐らくは戸惑い、立ちすくむでしょう。そんな時、頼りになるのは過去です。自社の過去をしっかりと把握することができれば、そこから未来に向かうヒントが必ず見出せます。未来は常に、過去の延長線上にあるのです。

5 伸びる人には共通項がある

その企業や人物が将来、いかに伸びるかを見極めるのは難しいことです。

僕の友人たちの何人かは、大学卒業後、一流と呼ばれる銀行に就職しました。今も金融機関は全般的に人気業種ではありますが、当時はもっと凄い人気でした。あのころの銀行は、大蔵省（現財務省）による「護送船団方式」と呼ばれる擁護政策によって守られていたため、絶対に潰れない業界といわれ、学生からの人気は絶大。首尾よく「都銀」と呼ばれる大手に就職できた連中は、羨望《せんぼう》の的でした。

しかしその後、潰れないはずの銀行が潰れ、当時考えられなかった財閥系同士の合併などによって、銀行の業界地図は大きく塗り替えられました。当時の仲間で今も銀行業界に残っているのは、ほんのひと握り。系列の子会社に残れた奴はまだましで、中には再就職先も世話してもらえないまま早期退職を迫られ、今やパートで深夜の倉庫番をやっている奴までいます。

二〇年以上も前の話ですが、当時自民党の幹事長だった小沢一郎氏と、ひょんなことから親しくなり、何度か一緒に食事をしました。少し前に総選挙が終わった一九九〇年の夏（だったと思いますが）、食事をしながら小沢氏に「今回の総選挙で当選した新人の中で、最も将来性のある人は？」と尋ねたところ、彼は即座に答えました。

「岡田だよ。ただし、彼はハンドルの遊びがなさ過ぎるのが、欠点だな」

岡田とは、将来の総理候補といわれる一方、「堅物《かたぶつ》」でも有名な岡田克也氏です。岡田氏の現在を見れば、小沢氏はまさに慧眼《けいがん》、「伸びる人かどうか」を予測する能力は大したものだといえます。もっともその岡田氏は、民主党内で「反小沢」のリーダー格の一人といわれていますから、何とも皮肉なものです。

では伸びる人や企業を見分ける、何か「コツ」、あるいは共通項のようなものはないのでしょうか？

その一つが「投資」です。

組織（会社）の場合、研究、設備投資と並んで、「人材」に対し、積極的に投資しているかどうかがポイントとなります。いろいろな角度から「将来への投資」を怠らない会社が伸びる可能性が高いことは、僕が今さらここで詳述するまでもありません。

個人の場合、様々な意味で「自分に投資（自己投資）」している人は、将来性十分だと見て間違いありません。人生、ムダに時間を浪費している人間と、有効利用している人間とで差が出てくるのは、当たり前のことです。

もう一つは「冒険心」でしょう。

無難な人材を管理職に登用したり、トップに据えたりしている会社や集団は、やがて没落していくことは歴史が証明しています。思い切って挑戦する気持ちを忘れた会社が伸びることはありません。

個人の場合も、無難こそ最高の価値観と考える人間は、大きなミスも犯さない代わりに大化けもしません。気を付けなければならないのは、冒険心と蛮勇《ばんゆう》を混同しないこと。身のほど知らずの無謀なチャレンジは、高い確率で失敗を招きます。

6 問題解決のコツは、周囲を観察すると見える

僕は男ばかり三人兄弟の末っ子に生まれました。

兄弟ゲンカは日常茶飯事、当然ながら中学生くらいまでは兄たちに比べて腕力、知力に

劣っていたため、常に劣勢です。ただし、ある点に関しては、確実に兄たちに勝っていた部分があり、それが「唯一の武器」でもありました。

その武器とは、「観察力」です。

何曜日は帰りが遅い、夜は何時まで起きている、二番目の兄のガールフレンドから電話がかかってくるのは土曜日の夕刻が多く、電話を切った後の表情を見ると機嫌の良し悪しが即座に判明する…兄たちの日常の行動パターンを正確に把握していれば、それらに対応して自分の行動計画が立案できました。

何よりも重要だったのは、兄たちと両親との関係を観察することでした。

これはある意味、末っ子の特権かもしれませんが、兄が親と衝突したり、怒られたりしている場面を観察することで、末っ子は様々な学習体験ができます。「ああいうことをすると、親父から怒鳴られるんだ」「親がこういう状況の時は、小遣いをせびっても大丈夫なんだ」「あの口のきき方が、母親を不愉快にさせるんだ」…。後から生まれたからこそ、「先輩＝兄」の言動を観察できるし、そこから様々な「生きていくための知恵」が生まれます。

別のいい方をすれば、随分と「こまっしゃくれた」子供でもあるのですが、腕力、体力に劣るこちらとしては、そうでもしなければ「家庭内サバイバル」に勝ち残れないし、おいしいおやつの争奪戦にも加われなかったのです。

仕事も同じです。

初めのうちはそれこそ、すべてが初体験。最初は先輩が手とり足とり指導してくれるから、いわば「マニュアル」に従って与えられた仕事を処理していればいいわけですが、いつまでも先輩や上司が面倒を見てくれるわけじゃありません。

徐々に自分で考え、処理していかなくてはならない場面が増えます。ある程度、順調に推移しているうちはまだいいのですが、これまで経験したことのないトラブルに直面し、誰も手助けしてくれず、自分の手でそれを処理しなくてはならないといったケースが、必ず起きます。そんな時、きちんと処理できるかどうかは、実は観察力にかかっています。

上司だろうと先輩だろうと、仕事を処理する中では、常に問題に突き当たり、それを解決しながら前に進んでいるはずです。彼らがどんなやり方で問題を処理しているのかを、注意深く観察していれば、万が一、自分が問題に直面した時にも、先輩や上司の処理した案件で最も類似したケースを抽出し、自分が抱えている問題に当てはめて、多少の修正を加えれば、それほど悩まずに解決できます。

ただし、何でもかんでも観察し、学習すればいいとは限りません。

ここでのポイントは二つあります。

一つは、失敗例を重視することです。先輩や上司だって、問題の解決に失敗し、そのまた上司が処理に乗り出してくることもあるし、責任を取らされて左遷されることだってあります。大事なのは、あなたが観察する中で「なぜ失敗したのか」、その原因をきちんと突き止めること。自らが失敗しないためには、成功例より失敗例が何十倍も参考になるのです。

もう一つは、問題解決に当たって「いやー、大変だ」と、大声を出しながら処理する先輩や上司ではなく、周囲に、そもそも問題すら発生していなかったように思わせて処理してしまう先輩や上司を探し出し、そのテクニックを徹底的に学習することです。彼らこそ、間違いなく「トラブル処理のプロ」。どうせ観察、学習するなら、高いレベルを狙うのは当然です。

7 時間の変化を利用して世論の支持を取り付けた政治家

先ほども例に出した小泉元首相は、メディア・コントロール能力、パフォーマンスによる世論取り込み能力に優れた政治家だったし、ある意味天才的な人物でした。

でも、それだけでは、小泉政権、というか小泉純一郎という政治家が、なぜあそこまで支持を集め続けたのかという問いに、すべて答えたことにはなりません。

そこには、あまり語られてこなかった「プラスアルファ」があります。

それは、小泉純一郎という政治家が「時代の空気」、あるいは「時間の変化」を的確に理解、把握、対応したことにあるのです。

小泉氏が三度目のチャレンジで、自民党総裁の座を射止めた当時、国民の多くは森前政権の体《てい》たらくに呆《あき》れたこともあり、「もう自民党は退場しろ」という思いを抱いていました。

そんな「空気」を的確に読んだ小泉氏は、自身が党内で「変人」と称されていたことが、むしろ武器になると判断。徹底して変人を売り込みます。一方、小泉氏を一躍、人気者に仕立て上げたきっかけは、「自民党をぶっ壊す」という自身の言葉でしたが、これは時間の変化を読み切った小泉氏の、いわば「勝負手」でした。

それまでの自民党であれば、そんな発言をした途端、党内で一気にひねり潰されていたはずです。しかし小泉氏は、ダウン寸前の自民党にそんなパワーがないこと、この言葉が世論の支持を得られるであろうことを、しっかり理解していました。

同時に、崩壊寸前の自民党が、党内力学より世論に左右される状態に陥っていることを把握した上で、一連の世論獲得工作に動いたはずです。結果は、党内力学で小泉氏を遥かに上回っていた橋本龍太郎氏を退《しりぞ》けての、総裁当選となりました。

政権の座に就いてからも、小泉氏はその時々で移り変わる時代の空気、時間の変化がつくり出す環境を絶妙につかみながら、世論の支持を集め続けました。

当時人気者だった田中真紀子氏を、外相の椅子から下ろしたことで支持率が低下すると、すかさず電撃的な北朝鮮（平壌）訪問で、拉致被害者（の一部）を連れ帰ってみせたケースなどは、空気を読み切った典型的な例です。

郵政選挙という、ある意味での暴挙に出た際にも、解散直後の記者会見で「殺されてもいい」といい放ち、一瞬で世論の支持を取り付けてしまいましたが、これなどは自らの手で時間の変化をつくり上げたケースといってもいいでしょう。

もっとも、こんな離れ業《わざ》は小泉氏にしかできません。その後の安倍氏、福田氏、麻生氏らによる自民党政権が、小泉政権の亡霊に祟《たた》られる形でことごとく失敗、政権の座から転落したことを考えると、小泉政権が本当の意味で「自民党をぶっ壊す」きっかけをつくったことは否めないと思います。

どんなにち密な計画でも、あるいは考え抜かれた企画でも、その時代の空気がどう流れているのか、時間の変化の中で何が起きているのかを的確に把握しなければ、決して成功しません。

変化する時間の中で、今何が求められているのか、今でなければできないことは何なのか。その瞬間をつかみ取る能力を磨き上げることも、未来のリーダーに求められる大切な資質の一つだと思います。

8 定点観測を続けると、ある程度先行きが読める

政党にとって、選挙で勝つか負けるかは、文字通り「生死」がかかっています。それは企業でいうところの売上高や営業利益（あるいは純利益）に相当します。ライバル企業と熾《し》烈な戦いを繰り広げている人たちなら分かると思いますが、負けたら最後は倒産（もしくは合併買収）も覚悟しなければなりません。だからこそ、選挙に勝つためにあらゆる手法を駆使するわけですが、遅まきながら最近、政界で注目されつつあるのが「マーケティング」、つまり事前の選挙情勢調査です。

僕自身も民主党の事務局長時代に、この情勢調査を重視していましたが、中でも注目していたのが「定点観測による数字の変化」でした。

選挙に際しては、いわゆる重点選挙区と称される、激戦が予想されると同時に勝てる可能性がある選挙区に関しては、一度だけでなく二度、三度と調査をかけることがあります。この時、従来は調査のたびに、同じ選挙区内ではあっても調査対象を変えていましたが、あえて同じ相手に何度も調査をかけるという手法を採ったことがあります。

幅広く、多様な対象への調査も大切ですが、時にはターゲットを絞り込んだ定点観測のほうが、その変化を読み取れることがあるからです。

人の心は常に変化しています。

同じ地点（地域）を何度も調査する定点観測を行うと、当然のことながら時間の経過で数字が変化します。大切なのは、その変化の「傾向」を読むこと。例えば、ある選挙区にAという候補者がいて、その隣の選挙区にBという候補者がいるとします。両者の定点調査を行ってみると、一回目ではAがライバルに二〇ポイントの差をつけて優位に立っていたのに対し、Bはライバルに一五ポイントの差をつけられて劣勢だったとします。

この時点ではAのほうが有力だから、所属政党もこちらに力を入れることになりますが、二回目の調査でAがライバルに追い上げられ、リードもわずか五ポイントに詰め寄られたのに対し、逆にBは相手に五ポイント差まで詰め寄り、三回目の調査では、AもBもそれぞれのライバルと横一線で並んだとします。

ここから何が読めるか。Aは負ける可能性が、Bは勝つ可能性が高いという事実です。

どの分野でも、成否を分ける最大要因の一つは「勢い」です。

数字が下がり続けたAは、完全に勢いを失っており、恐らく挽回不能でしょう。逆にBはどんどん勢いがついてきているから、最終的に追い抜く確率が高いと考えます。政党がどちらの候補を重点的にバックアップするかとなれば、Bを選ぶのは当然です。こうした情勢の見極めは、定点観測し、数値の変化を読み取っているからこそ、可能になるのです。

幅広く、しかも多様な数値に基づいて、コンシューマー（消費者）の動向や景気を予測することも大切ですが、その一方、ターゲットを絞り込んだ定点観測が、意外に先行きを正確に把握する材料になることも少なくありません。

「神は細部に宿る」という言葉があるように、小さいけれど、その一点を見つめ続けることによって、ぼやけていた全体像がはっきりと像を結ぶことがあるのです。

ちなみに僕が住んでいる東京近郊の町は、以前、企業の保養所がたくさんありました。それがあるころから次々と売却され、マンションや建売住宅に変わりました。バブルの崩壊です。仮に町から一歩も出ず、バブルの崩壊を知らなくても、それを見ているだけで、「今、大手企業も苦しい経営状態にあるんだな」という事実が分かります。

その一方、他の企業が相次いで保養所を売却しているのに、ある企業は多額の建設費をかけて、新しい保養所を建設しました。これを見ているだけで、「この会社はバブル崩壊に関係なく、順調に売り上げを伸ばしている会社なんだな」という事実が、はっきり分かります。じっと眼を凝らし続けて一カ所を見つめていれば、自分がどこにいようとも、日本経済の動向はかなり明確に読めるわけです。

第五章

マクロとミクロの情報力

1 トンビの視点とミミズの視点を併用せよ

最近の選挙でよく使われるようになった言葉の一つに、「空中戦と地上戦」というものがあります。

空中戦というのは、テレビへの露出やポスター、ビラの配布などによって、その政党、党首、候補者の人気や知名度を高めることを狙った戦術で、別の言葉にすると「広報・宣伝戦」といった感じです。上空から不特定多数（主に無党派層）に向かって働きかけることから、空中戦と呼ばれます。

一方、地上戦とは、それこそ地べたをはいずり回って、一人ひとり口説き落とし、わずか数人の集会にもこまめに足を運んで支持を取り付けるなど、コツコツと票を積み上げていくやり方を指します。こっちはいわば、昔ながらのドブ板選挙です。

かつて民主党はしっかりとした後援会組織を持たない議員や候補者が大半だったこともあり、空中戦専門の政党でした。一方、自民党はどちらかといえば、ドブ板選挙が得意で、地上戦主体。ところが民主党は、小沢一郎氏が実権を握ってから、不得手だった地上戦の強化に全力投入することで、空中戦と地上戦の両方で強みを発揮。それが総選挙での大勝利＝政権交代をもたらす重要なカギとなりました。

この民主党の成功体験もあって、今では「空中戦と地上戦のベストミックス」が、選挙必勝法の一つに数えられるようになっています。

空中戦を別の言葉に置き換えると、マクロの視点、つまりトンビの視点ということになります。上空から俯瞰《ふかん》しつつ、情勢を見極め、ポイントを発見したら爆弾投下というわけです。

地上戦はミクロの視点、つまりミミズの視点での戦いです。一歩一歩、着実に歩みながら、それこそ一ミリずつ陣地を増やしていくのが役目です。空中戦だけでも、地上戦だけでも、戦いに勝利することはできません。両者をいかに効率よくかみ合わせることができるかが、勝負のカギを握っています。

マクロの視点とミクロの視点をうまく組み合わせることが大切なのは、どの分野でも同じです。前述しましたが、僕自身、政治の世界をウォッチするのが仕事だから、それこそ毎日のように国政の中心地である永田町に顔を出しているかというと、実はそれほどでもありません。というか、むしろ意識的に永田町から距離を置いているといってもいいでしょう。政治家を取材し過ぎ、誤情報をインプットしすぎると、かえって全体の流れを読み違えることになりかねないからです。

だからちょっと距離を置き、マクロの視点で眺めるくらいのほうが、大きな流れが見抜けるし、どこに向かっているのかがよく見えます。

その一方、ミクロの視点を失ってはいけませんから、大事な節目では現場（永田町）に足を向け、信頼できる情報源とじっくり話をすることで、細かい動きや人間関係などを把握しているつもりです。ミクロの視点がなければ、どこがポイントなのかを見極めることが難しいからです。

マクロの視点ばかりでは、目標を設定する場合、微妙な誤差を生じる危険があり、ミクロの視点ばかりで物事を処理しようとすると、全体の流れが読めないために、思わぬ方向へズレてしまうことも少なくありません。両方の視点を適宜、的確に切り替えられるようにできれば、流れを読み取り、ポイントを正確に把握できるようになるはずです。

2 氷山は見えている部分より水面下が重要

あのタイタニック号は、なぜ沈没したのか？

事前に乗組員が氷山を発見していたにもかかわらず、水面下に巨大な氷塊が隠れていることに気付かず、水面上の大きさだけで「危険度」を軽く見たためだったという事実も、今や多くの人が知っているはずです。ちなみに氷山は水面上に現れている部分が全体の約十分の一にすぎないとか。

私たちは、目に見えるものに注目する余り、その背景、それがはっきりとした形状となる以前の過程で何が起き、何が作用してそうなったのかを見落としがちです。

確かに透視術でも身に付けない限り、見えないものを見るのは難しいように思えます。しかし注意深く、ことの推移を見守る作業を積み重ねることで、背景にあるものがぼんやりと浮かび上がってきます。そしてその背景に隠れている現象や情報が、実は水面上に現れた氷山よりも、ずっと重要なものであることも少なくありません。

水面上に顔を出している氷山は、あくまでも結果にすぎません。

物事のほとんどすべては「原因→過程→結果」というプロセスを経て、我々の前に現れますが、仮に結果を「一」とした場合、そこに至るまでにはその一〇倍、あるいは一〇〇倍の情報や現象の積み重ねがあり、それらを捨て去ることでようやく目に見える形で結果が浮上しているわけです。

ということは、その捨て去ったものの中に、角度を変えると極めて貴重な情報や現象が存在する可能性も高いと考えるべきでしょう。結果という水面上の氷山を見るだけで満足せず、その背景を探ろうという意欲を持つことがもたらす果実は大きいのです。

もっと簡単にいえば、勝負に結果が出た時、「よし勝った」または「あぁ負けちゃった」だけで終わるか、それとも、なぜ勝った（あるいは負けた）のか、その原因、背景を冷静に、ち密に分析できるかどうかということです。それができれば、勝ったものは次の戦いも勝てるでしょうし、負けた者は次こそ勝つことができます。

もちろん、結果は重要です。

どのような背景、過程があろうとも、結果が良くなければ意味がありません。ビジネスの世界以上に、政治の世界はまさに「結果がすべて」の世界です。

だからこそ、水面上に浮かんでいるように見える結果という「氷山」の下に、何がどれほどの大きさで存在しているのかを確認、見極めることができれば、漠然と結果だけを眺めている人とは全く違ったステージに立つことができます。

背景についての知識、情報が全くない人が、二〇〇九年の政権交代によって誕生した鳩山政権の顔ぶれを見ても、「何人かは名前を知っているな」といった程度の感想しか持たないでしょう。でも、民主党の実質的な最高実力者が鳩山由紀夫氏ではなく小沢一郎氏であり、閣僚人事も小沢氏の意向が色濃く反映されていることを知っている人なら、「この人の入閣は小沢人事だな」「この人事は遠慮しながらも鳩山さんが頑張った結果だな」といったことが、手に取るように分かるはずです。

すると今度は、「小沢氏の影響力が維持されれば、後任は〇〇さん。逆に小沢氏がパワーダウンすれば、後任は××さんあたり」といった推理も可能です。もしも自分のビジネスが政治と密接に関係している人なら、小沢氏の動向を見定めながら、次の展開を準備することも可能になるわけです。

水面下に何があり、何が起きているのかを察知することができれば、他人に比べて二歩も三歩も前を歩くことが可能です。くれぐれも〝タイタニックな人〟にならないよう、気を付けてください。

3 雑談力を鍛えると、望む結果を手に入れやすい

僕は仲のいい政界、マスコミ関係者などと一杯やる時、初めのうちはできるだけ仕事に関係ない話、つまり雑談から入ることにしています。

流れの中で、自然に仕事絡みの会話になっていくことは別に構いませんが、それはあくまでも結果論。では、せっかくの情報収集、交換の場であり、自分の仕事にプラスになる見方や分析が手に入るのに、なぜそうしないのか？

酒がまずくなるというのも大きな理由の一つですが、それ以上に、仕事の話から入ると、お互いに緊張感が抜けないまま会話が開始されることで警戒心が働き始め、結局は最後まで打ち解けた会話、本音の会話、あるいは本当に大切な情報の交換ができないまま終わるという経験を、これまで何度もしてきたからです。

飲む場所での話だけではありません。

仕事の打ち合わせで、上司、同僚、取引先の担当者などと話す時、いきなり「このプロジェクトの問題点は…」などとやり始めたら、まとまる話もまとまらなくなるはず。上司と話す場合、「課長、最近ゴルフの調子はいかがですか？」「先日、たまたま部長のご自宅の近所に行きましたけど、住みやすそうな町ですね」なんてところから入ると、スムーズにことが運ぶケースが多いと思います。

それ以上に、相手の気持ちを和《なご》ませるための雑談が上手な人間は、必ずといっていいほど出世しているという事実を知っている人は、意外に少ないかもしれません。

民主党の事務局長時代、僕は毎日のように新聞やテレビ、週刊誌の記者たちから取材を受ける立場でした。もちろん、基本的には誰に対しても公平な扱いをしていたつもりですが、それでも通り一遍の対応しかしない記者と、懇切丁寧に接してあげる記者がいたことは事実です。

どこで接し方に差をつけるのかといえば、やはり話していて面白い奴とつまらない奴の違い、というほかありません。

話していて面白い記者というのは、間違いなく雑談がうまい記者です。何気ない、あるいは他愛もない雑談から始まり、気分が徐々に和んでいくと、最後は「この記者だけには、もうちょっとヒントをあげようかな」となります。趣味が一緒だったりすると友だち気分になり、思わず「きわどい情報」を漏らしてしまうこともありました。

相手が楽しくなるような雑談ができるようになるためには、それなりの努力が必要です。上手な雑談をするためには、少なくとも豊富な知識や、どんな会話にも対応できる機知、あるいは多方面への関心力を自分の中に養成することが不可欠です。

加えて、仕事の契約や貴重な情報を入手するために「ターゲット」と接触する前には、それなりの準備が必要でしょう。その人物がどんな経歴、性格で、どんな趣味を持っているか、あるいは誰を尊敬しているのか、家族構成は、好きな女性のタイプは、といった、できる限りの情報を事前入手した上で、ターゲットが喜ぶような雑談から入れるようになれば文句ありません。

僕もテレビ番組などで、気難しいと評判の政治家らと対談、議論しなければならない場合、それなりの準備は怠りません。自民党が政権の座にあったころ、ある派閥のボスで、口数の少ないことで有名な「強面《こわもて》政治家」と対談することになりました。本番前の打ち合わせ開始と同時に、僕が「実は昔、○○議員にかわいがってもらいましてね。あの人はいい政治家でした」と、番組の内容とは無関係な古い政治家の名前を持ち出しました。

するとそれまで仏頂面《ぶっちょうづら》だったその政治家の顔がパッと明るくなり、「君は○○先生を知っているのか。僕の恩師だよ。素晴らしい政治家だった」と、楽しげに話し始めました。

ちなみにその番組がうまく進行したことは、いうまでもありません。まさに「雑談力」の勝利でした。

4 視点は内からと外からの二種類を持つこと

何十年も前になりますが、僕がまだ子供のころ、自分の家の真上を「台風の目」が通過したことがありました（第三章で少しだけ触れました）。聞いていた話の通り、それまで吹き荒れていた風がピタッとやみ、雨も上がって、空を見上げると青空が広がっていたのです。

ほんの数分間だったと思いますが、茫然と空を見上げていたように記憶しています。まさに自然界の話ですが、実は気が付かないうちに、僕たちも「人工的な台風の目」に入り込んでしまっていることがあるのを、ご存じでしょうか？

自分がある組織に所属していると、当然ながら、何かを見る時の視線は「内から外」へと向かいます。つまり、組織内部の人間として、外部に視線を投げかけることになるわけです。

ある意味仕方のないことですが、その内から外への視線に浸り過ぎてしまうと、知らないうちに「台風の目」の中に身を置いていることと、同じ状態に陥る危険があるのです。

「いつも台風の目の中にいたほうが、風も雨もないから楽でいいよ」

そう答える人もいるでしょう。

しかしそれは大きな間違いです。いつまでも「目」と一緒に歩くことなどできないし、「目」の外では激しい風雨が吹き荒れていて、それは突然、襲いかかってくるかもしれないからです。

就活中、狙った企業やその業界、あるいはライバル企業との関係などを詳しく調べることはあっても、入社してしばらく経つと、その会社が自分の中の「世界」の大部分を占めるようになるものです。

学生時代の友人たちとも徐々に会う機会が減り、付き合うのは社内中心。担当する業務には詳しくなっても、他の部署や業務には関心がなくなり、仕入れる知識も仕事に無関係なものはどんどん減っていく…。多くの人はいつの間にか、自分の名前の前に「株式会社○○の」という枕詞を付けるのが当たり前になります。

つまりすべての行為に関して、まず自分を会社の中に置き、そこを基点として外に出て行くとか、視線を投げかけるという習性が、いつの間にか身に付きます。

こうした状況は、まさに「台風の目」の中にいるのと同じです。


以前、大手証券会社に勤めていた友人が倒産の憂《う》き目に遭い、文字通り「茫然自失《ぼうぜんじしつ》」状態になっていたところに出くわしたことがあります。

印象的だったのは、彼がその時、「○○証券は僕のすべてだった。倒産なんて夢にも思わなかった」とつぶやいたことでした。その証券会社は以前から「危ない」という情報が一部に流れていたから、夢にも思わなかったのがむしろおかしいくらいです。でも、彼はきっと「台風の目」の中にいて、自分の会社がどんな風雨にさらされているか、気付かなかったに違いありません。

自分の属する会社が、生活の中心に来るのは仕方がありません。

でも、たまには「台風の目」から一歩出て、外の風雨の具合を確かめることが必要です。

自社を外から見ると、どんな姿に映っているのか。自社に関する外部情報にはどんなものがあるのか、といった視点で、時々見つめ直すことが大切です。

そのための一番簡単な方法は、社内の人間とのプライベートな付き合いを現在の半分程度に減らし、その減らした分を、社外の人間との付き合いに振り向けること。

社内の人間との付き合いは、生産性が極めて低いものです。

一方、外部の人間との付き合いは、「何か」をもたらしてくれる確率が高いものです。たとえその相手が、自分の仕事や自社、あるいは自社の属する業界と関係ない人だったとしても、まずは「外からの視点」が獲得できるチャンスです。

もし、あなたが「内からの視点」と「外からの視点」を使い分けられるようになったら、自社や自社を取り巻く業界情報を手に入れることなど、たやすいものです。

最近、若いビジネスマンたちに流行りの「勉強会」などへの参加も、「外からの視点」を学べるいい機会だと思います。

5　上司や同僚の情報をどれだけ持っているか

会社勤めの方にお聞きします。

あなたは職場の上司や同僚、後輩に関する情報を、どれだけ持っていますか？

もしもあなたが、彼らの情報を十分だと思えるくらい持っていたら、あとはそれを有効に使えるだけの知恵さえあれば、仕事上の成功にせよ、将来にせよ、ある程度、保障されたようなものです。

情報は、それを有効に使うことができれば、周囲を自分の思い通りに動かすことができる便利な代物です。

その昔、あるベテラン政治家と一緒に仕事をすることになった時のこと。

僕はその政治家が、大変な「腕時計マニア」だという情報を手に入れました（どう入手したかは記憶にありません）。たまたま、僕もある程度関心があったので、腕時計に関するそれなりの知識を持っていました。

一緒に仕事をするようになってすぐ、「その腕時計、ひょっとして〇〇（当時はまだ国内であまり名が知られていなかったが、海外では評価が高かった時計ブランド）ですか？いいですね」といった感じで褒め上げた途端、それまでの偉そうな態度が一変しました。「キミ、よく知ってるねえ。これはね…」と、嬉しそうにベラベラと喋り出したのです。

その後、仕事がスムーズに運んだことはいうまでもありません。それどころか、その後、ずっと友だち付き合いが続いたほどです。

誰しも、やりたい仕事をやりたいようにやろうと思っても、上司や同僚の理解や協力がなければ、なかなか自由にできません。しかし、その上司や同僚の情報を潤沢《じゅんたく》に持っていたら、どうでしょうか。上司の趣味や家庭の事情（いかに奥さんの尻に敷かれているか、子供がお受験など）を知ることができれば、それを利用して彼をうまく乗せることで、あなたの提案が通る確率は格段に高まります。

また、同僚の弱みに関する情報を握っていれば、それをチラつかせて協力を求めることも可能です（やり過ぎると逆襲を受けるが）。

さらに、自社の経営トップがどんな人物で、どんな経歴を持ち、どんな性格で、どんな趣味を持っているか、知っていますか？

「そんな雲の上のことなんか知らないよ」というかもしれません。

でも、もしかしたら明日の朝、その経営トップと同じエレベーターに乗り合わせることだって、絶対にないとはいえません。トップの趣味がバイクだと知っていて、さりげなく傍らの同僚に「ツーリングにちょうどいい季節だね」と話しかけ、その会話に「キミもバイクに乗るのか？」と、仮にトップが食いついてきたら、そこから何かが開ける可能性はゼロじゃありません。

社内の何気ない噂話の中にだって、貴重な情報は転がっているはずです。

要は、それが情報であることに気付き、常にそれを意識しているかどうかの違いなのです。

6 予兆は小さければ小さいほど、重要なもの

予感、予想、予測、予兆。

似ているようで、実は微妙な違いがあります。

予感は文字通り、個人の感性に基づくもので、ほとんど根拠らしいものはありません。

「〇〇になりそうな気がする」というだけ。予想もどちらかといえば、「当たるも八卦《はっけ》」に近いもの。もちろん、予感よりは根拠らしきものが存在します。ある程度のデータなどに基づいてはいるものの、あくまでも個人の感覚に頼る部分が多いものです。

一方、予測となると、それよりはかなり科学的な根拠やデータを駆使した結果、導き出される「推論」といった感じでしょうか。

メディアからの選挙における当落予想に、一度も応じたことがないということは先に触れました。それらはあくまでも、予想でしかないからです。僕のように個人で仕事をしている限り、多額の経費をかけて世論調査を行うことなどできませんから、選挙結果を占うためのデータを一人で集めるのは、ほぼ不可能です。

もちろん、それなりのデータや情報は持っています。しかしそれだけで、どの政党が何議席獲得するとか、誰が当選して誰が落選するなどと断言するための根拠としては、かなり薄弱です。少なくとも予測レベルまでいかないと、なかなか自信を持って断言する勇気はありません。

さて、その予測よりも「この先の展開」を読むための重要なツールとなるのが、予兆です。

予兆とは、何かが起きる前に表れるサインのようなものだと考えてください。ただし、予兆は誰にでも感じ取れるものとは限りません。誰もが気付く大きな予兆もあれば、一部の人しか感じ取れない小さな予兆もあります。

むしろ予兆の多くは、よっぽど敏感な人しか感じ取れないような小さなもののほうが、多いかもしれません。もし、小さな予兆を人より先に読み取る、あるいは感じ取ることができれば、どんな勝負にも勝てます。

では、どうすれば小さな、他人が気付かないほどの予兆を感じ取り、読み取ることができるでしょうか？

野党時代の民主党で事務局長だった時代の重要な仕事の一つに、「解散の時期を探ること」がありました。

衆議院の解散権は総理大臣に、つまりは与党側にあります。当然、自分たちに最も有利な時期を選ぼうとするものです。野党は時期を選べないから、せめて少しでも早く解散の時期を察知するしかありません。このころ、僕はマスコミ、企業、地方自治体など、できる限り多方面にアンテナを立て、情報収集を行っていました。

するとある時、アンテナの一本に「解散の予兆」が引っかかりました。某大手企業の総務部幹部から「昨日、自民党の人が来て、通常のものとは別の献金依頼があったよ」という情報が飛び込んできたのです。

解散・総選挙となれば、多額の経費がかかります。当時の自民党は解散前になると、企業から巨額の政治献金を集めていましたから、これは有力な情報、つまり解散・総選挙が近いという推測が十分成り立つ、貴重な予兆と考えて間違いありません。

念のために他のアンテナを使って、それ以外の企業にも探りを入れてみると、やはり自民党から政治献金の依頼があったことが確認できました。早速、党幹部数人にこの情報を上げ、「直ちに選挙態勢を組んでほしい」と要請しました。実際、その二カ月後、自民党は解散・総選挙に打って出ました。

予兆は小さければ小さいほど、重要なものです。それをつかむためには、常に自分の周辺に感度の良いアンテナを、いくつも立てておく必要があるのです。

7 新聞やテレビの活用法を知る

新聞を読まない人が増える一方、テレビを見ないという人も、最近では増加傾向にあるようです。

確かにインターネットの普及と携帯電話機能の充実で、今や多くの情報は新聞、テレビに頼らなくても手に入る時代となりました。僕自身、朝起きると、まずパソコンに電源を入れ、メールをチェックした後はインターネットを開き、主なニュースをチェックするのが半ば日課になっています。

携帯電話のニュース速報は、何か大きな動き、事件などが起きれば、どこにいても、いつでも、こちらから問い合わせなくても知らせてくれる、大変便利なツールです。

では、新聞やテレビはすでに不要物なのでしょうか？　ネットと携帯さえあれば、こと足りるのでしょうか？

実はまだまだ、新聞やテレビは必要だし、これらの媒体を有効に使うことは、ビジネス面での成功にとって、重要な要素の一つなのです。

ちょっと前まで、毎週日曜日の午前中というのは、新聞記者たちにとって、ある意味「屈辱の時間帯」でした。なぜなら、日曜日の午前中は各テレビ局が時間帯をずらす形で次々と政治番組を放映し、そこに出演した政治家が、前日までの記者会見や記者の取材では話さない重要な情報を、ペラペラと喋るからです。

政治家はテレビを使ってアピールしたいためか、なぜかテレビカメラの前だと饒舌《じょうぜつ》になり、新しい情報を提供したがる生き物です。新聞側はそれをチェックし、報道に値する情報が発信された場合は、「○○大臣は昨日のテレビ番組で、『消費税引き上げが必要だ』と明言した…」といった後追い記事を書かなければなりません。

その結果、日曜日の午前中、新聞記者たちはテレビに出演する政治家にくっついて歩くか、会社や自宅で政治番組を見続けるという事態が生まれるわけです。

確かに新聞は速報性という面で、インターネットやテレビに太刀打ちできません。だから当初、屈辱感に打ちひしがれていた新聞も、最近では別の角度で勝負をしつつあります。それは「分析・検証」記事を充実させることです。

取材する記者の数や能力では、テレビより新聞のほうがまだ上手です。あなたが起きている事象をより詳しく知り、その背景を探ろうとするなら、新聞記事の中でもこうした検証記事や、分析記事をじっくりと読むことです。

新聞に関してはもう一つ、大事な活用法があります。

それは、「ゴミ記事」と呼ばれる見落としそうなくらい小さな記事に注意すること。そのゴミの中から、仕事に関して有利になるような「宝物」を発見することがあるかもしれません。

テレビについては前述したことの裏返しで、速報性に関しては、インターネットや携帯と、まだ十分勝負できる状況にあります。同時に、二〇〇五年の郵政選挙で小泉自民党が圧勝した背景には、テレビ各局が徹底して「小泉劇場」を持ち上げたことがあったことは、今さらいうまでもありません。

テレビで取り上げられた飲食店は、しばらくの間「行列のできる店」になります。つまりテレビには、まだ世論を動かすパワーがあるということです。テレビが今、何を追いかけているのか、どんな人物や組織にスポットを当てているのかをチェックすることで、その後のトレンドがある程度は読めるし、この状況はまだしばらく続きそうです。

8 怪文書にもゴミのような情報にも、宝石が存在する

今ではインターネットが主流になってしまいましたが、ちょっと前までは「紙」が主役でした。これ、何のことか分かりますか?

答えは「怪文書」です。

永田町だけでなく、会社や大学でも、というか、権力を巡《めぐ》る闘争やお互い競い合う環境にある分野では、必ずといっていいほど情報戦争が繰り広げられます。その情報戦争の中で、時に重要な役割を担うのが、この怪文書。紙からネットへと、素材は変わっても、中身はそれほど変化していません。それらが日常的に飛び交っているという実態も、以前とあまり変わりがありません。

僕が永田町の現役だったころは、怪文書は紙が主流でした。いつのころからか、情報の収集と発信、さらにいえばそのコントロールが仕事の柱の一つになってくるにつれ、様々な怪文書が、日々手元に集まるようになっていきます。もちろん、怪文書だけに、その大半はいわゆる「ガセネタ」で、ある意味「ゴミ情報」です。

ちなみに怪文書とは、①発信元が不明、②中身が事実かどうか不明、③背景に特定の意図が隠れているかどうか不明、といった類のものです。つまりは「怪しい文書」というわけですが、実はそんなゴミの山の中に、たまにとんでもない真実の情報、あるいは本物の内部告発が紛れ込んでいることがあります。ゴミの中に潜む、いわば「宝石」です。

事実、こうした怪文書が発端となり、マスコミが動き始め、その結果ターゲットにされた政治家が大臣の椅子から転げ落ちた実例は、いくらでもあります。企業社会でも、経営権を巡る内部抗争には、怪文書、あるいは内部告発が付き物で、その「出来栄《ば》え」によって権力闘争の行方が左右されることも少なくありません。

いつの間にか怪文書が手元に集中し始めてしばらく経ったころ、気が付くと、自然に分別能力が身に付いていました。

手元に届いた怪文書の、全体の出来栄えを見た上で、中身を数行読むと、①完全なゴミ、②ちょっと気になる、でも多分ゴミ、③もしかしたら再利用できそうなゴミ、④ひょっとしたらゴミに見える宝石かも、が見分けられるようになったのです。①は即座に捨て、②はしばらくして廃棄処分にしましたが、③と④はストックし、今でもその中で気になるものは、手元に残しています。

先日も、ある政治家にまつわるスキャンダルが新聞で報じられました。その記事を読むと、関係者としてかなり珍しい名字を持つ人物が登場したのですが、なぜかその名前に引っかかり、怪文書のストックを引っくり返してみると、何と一〇年ほど前に入手した怪文書が、すでにこの両者の不明朗な関係を指摘していたのです。

怪文書に限ったことではありませんが、私たちの周囲を飛び交う情報は、日々増大の一途をたどっています。その大半は利用価値のない、いわばゴミのような情報です。最近よく聞く言葉の一つに「都市鉱山」というものがありますが、これは廃棄された電気製品や携帯電話に存在する金やパラジウムといった希少金属を、「鉱山」にたとえたものです。

同様に、情報のゴミの山の中にも、極めて価値の高い宝石やレアメタル（希少金属）が存在していることも、少なくないのです。

もしも大半の人が「単なるゴミ」だと思っている情報の中から、宝石やレアメタルのような情報を取り出せる能力を身に付けることができれば、その人は「資産家」になれると思います。

9 ゴールから逆算して考えることの重要性

せっかく政権交代を実現し、国民の大きな期待感を背にスタートした民主党政権でしたが、迷走と混乱を重ね続けています。

つい先日ダブル辞任した鳩山氏と小沢氏について、マスコミも居酒屋で政治談議に熱が入るオトーサンたちも、やれ「首相のリーダーシップがない」だの「鳩山、小沢のツートップの政治と金問題がダメ」だのと、様々な理由を挙げていましたが、混迷の本当の理由は別のところにあるといったら、どう思われるでしょうか？

誰もが知っているように、民主党は日本の政党の中では、いわゆる「マニフェストの元祖」といってもいいような存在です。二〇〇九年の総選挙でもマニフェストを最大の武器に、有権者の支持を集めた結果の政権交代実現でした。

ただし意外に思われるかもしれませんが、民主党のマニフェストには大きな問題があります。それは「ゴール」が示されていないという、ある意味、致命的な欠陥です。

確かに民主党のマニフェストは、きめ細かいし、高速道路の無料化や子供手当、農家の戸別所得補償政策など、斬新な政策が並んでいます。しかしこれらはいずれも、それぞれ独立した政策です。それぞれが勝手に自己主張しているだけで、全体としてのまとまりがありません。

個々の政策は、それなりに必要性もあれば効果もあると思いますが、その全部をまとめてみると、一体どこに向かおうとしているのかが見えません。

言葉を換えると、目的地を設定しないまま船出したような状態です。これでは迷走するのも当然でしょう。

何も民主党に限った話ではありません。

多くの日本人は目の前にある問題を処理するため、とりあえず、対症療法的に動いてしまうという悪いクセがあります。でも本当は、まずゴールを設定すること、つまり「一〇年後、二〇年後の自分自身や日本という国、国民生活のあるべき姿」といった目標とする全体像を、きっちりつくり上げることから始めなければいけないはずです。

ゴールが一〇〇メートル先か、一〇〇キロメートル先かが分からないのに、走り出す間抜けはいません。それと同じように、ゴールの設定なしで様々な政策を乱発すれば、足元がフラつくのは当たり前です。

ビジネスの世界でも、これと同じようなケースがいくらでも見つかります。その典型的なパターンとして、「売上至上主義」が挙げられます。当面の売り上げを伸ばすことにこだわる余り、過剰な設備投資を行い、コスト無視の営業を行い、無謀な借入れを繰り返したり…。こうした企業はやがて破たんしますが、きちんとゴールを設定し、ゴールを見失わずにアプローチする姿勢を持った企業は、バブルの時代でも浮かれることなく、そしてバブル崩壊の影響を受けることなく、しっかりと生き残っています。

個人に置き換えても同じことです。

闇雲《やみくも》に行き先も定めずに歩き始めたところで、途中で挫折するのが関の山。ちょっと寄り道したつもりが、いつの間にか藪《やぶ》の中に迷い込んで抜け出せなくなることもあります。しかし自分のゴール（＝目標）をしっかり設定すれば、そこから逆算することで、①どの時点で何をすべきか、②何をすべきでないのか、はっきりと見えます。さらに、多少寄り道したところで、ゴールが見えていれば必ず元のルートに戻れます。

まずはゴールの設定を。個別の行動プランやそのプロセスは、設定後にいくらでも考えることができます。

第六章

他人の視点で想像せよ

1 相手の視線の先に、次の一手が見える

今から十数年前のこと。

メンバーだった友人に誘われて、東京都内の名門テニスクラブに行きました。そこでのルールは、二人で参加した場合、他に一人で、あるいは二人で来ている人を誘い、空いているコートでダブルスの試合をするというものでした。

その時、かなり高齢（優に六〇歳は超えている風）の二人と僕らとで試合をすることになりました。相手はご老人、こちらはまだまだ若い。で、「パワーで圧倒」のつもりで試合を始めたのですが、結果はボロ負けでした。

僕たちに比べると、ご老人ペアの脚力はかなり劣っているはずですが、なぜかこちらの打ったボールの落下点に素早く入り、どんなボールでもしっかりと打ち返します。どんなに打ち込んでも返ってくるものだから、最後はこちらが痺《しび》れを切らして力任せに打ち込んでミスを連発、自滅というパターンで惨敗しました。

試合後、ご老人たちに「お上手ですね。どんなボールでも返してくるので参りました」

と話しかけると、お一人がこう話されました。

「テニスは体力の衰えを経験によって、ある程度カバーできるスポーツです。なぜ返せるかというと、予測ができるから。ちょっとだけコツをいいますと、相手の目を見ること。どんなにごまかそうとしても、相手の視線の先にボールが来ますから」

後で聞いたらこのお二人、若いころ、全日本クラスのテニスプレーヤーだったそうで、そもそもかなうわけもないのですが、この時の「視線」の話は、なぜか鮮明に覚えています。

相手の視線がどこを向いているかが分かれば、そこから相手の行動を予測することがそれほど難しくないという教訓を、僕はテニスから学び、その後も様々な場面で活用させてもらいました。

かつて選挙戦の現場でアドバイスを求められた際、僕が必ず話すことの一つに、「相手陣営の視線をキャッチしろ」というものがありました。

相手候補とその陣営が、その時点でどんな状況に置かれているのかを、冷静、客観的に把握することができれば、彼らがどこにフォーカスし、どんな戦術で票の上積みを図ろうとしているのかを推理することは、それほど難しくありません。

相手候補が現職で、こちらが新人だとします。

情勢は各種の世論調査から見て、五分五分。相手はすでに、従来からの支持基盤は固めているはずです。それでも互角の戦いになっているため、かなり危機感を抱き、新たな支持層の獲得に動き出すに違いないということまでは、分かります。

ここから先が「ノウハウ」です。

相手候補の過去の選挙における得票数、選挙区内の地域ごとの票数、支持者の年齢構成などを「ミキサー」に投げ込んでスイッチを入れれば、相手候補がこの先、どの地域を重点に置き、どの年齢層を狙い、そのためにどんな戦術に切り替えてくるのかが手に取るように見えます。「相手の視線の行く先」を読むことで、その相手が次にどんな手を打ってくるのかが理解できるわけです。

ライバル企業の現況を正確に把握することで、彼らの視線がどこを向いているかがはっきりと見えます。新規の取引先との契約を目指すなら、相手が、あるいは相手企業が、まずはどちらへ向かおうとしているのかを把握すること。相手企業を縦・横・斜めから徹底的に分析し、相手の立場に（視点に）自分を「紛《まぎ》れ込ませる」ことができれば、必ず彼らの視線の先を見つけ出すことができます。後はその視線の先にたたずみ、相手のほうから勝手に近付いてくるのを待つだけです。

2 どんな業界でも、専門バカはもう必要ないのか？

民主党政権の売り物の一つに、族議員の絶滅というものがあります。

その一環として、民主党は自治体や業界などからの陳情を、すべて党の幹事長室に集中することにしました。その背景には、自民党中心の政権下、各省庁の実態に精通して政策面でも強い影響力を持つ族議員といわれる政治家たちが陳情の窓口となり、結果として関係省庁や業界との癒着を強めたことがあります。

しかしその民主党の改革は、結果的には小沢氏に「重要と思われる陳情」がすべて集中し、独裁的な権限強化につながっただけに見えます。

またこの背景には、「族議員＝諸悪の根源」という認識があります。

確かに族議員といわれる人の中には、業界の利益を代弁して関係省庁の政策や行政をねじ曲げ、その報酬として企業から資金提供を受けるとか、選挙での支援をもらう一方、省庁の応援団となることで縦割り行政の弊害を助長するなど、悪の部分も少なからずあることは事実です。

しかしその反面、特定の分野に長く深く関わることで、専門性を身に付け、中には官僚以上にその分野に詳しくなる政治家まで生み出されることで、官僚のいう通りにはならない「政治主導」の政策立案、法案作成を行ってきたというプラス面も、ある程度は認めざるを得ません。

官僚政治の打破を掲げ、族議員と役人攻撃に熱心な民主党政権が政策面で迷走している原因の一つが、専門知識不足からきていることもまた事実です。

最近は、専門家が時に「オタク」呼ばわりされるなど、様々な分野で、「スペシャリスト」よりも「ゼネラリスト」が尊重される傾向があります。不器用だけれど、特定の分野なら誰よりも詳しいといった人間より、何でも器用にそつなくこなす人材を求める企業が増加しています。

確かに専門家は頑固な人間が多いし、団体行動が苦手で、組織内での協調性に欠ける人が多いのも一面の事実でしょう。だからといって、専門家が不要かといえば、もちろんそんなことはありません。第一、専門家を超えた「専門バカ」がいなければ、人間社会における偉大な発明は、一つも誕生していなかったはずです。

この問題のポイントは、「ブレンド率」にあると思います。

ある会社がほぼ全員を専門家で構成したとします。恐らくこの会社は破たんするでしょう。専門家というのは、全体のバランスや利害関係の調整能力に欠ける部分があるからです。商品開発の専門家は、往々にしてコストやニーズを考えず、ひたすら「良い製品」を追い求める傾向が強いし、営業の専門家は商品内容よりもコストや販促宣伝戦略ばかりを考えがちです。皆さんの会社でもそうじゃないですか？

だから大切なのは、会社全体のバランスを考えられるゼネラリストと、特定分野では抜群の能力を発揮するスペシャリスト（専門バカ）の配分比率なのです。

それに加えて、両者の間にあって潤滑油的な存在となる、いわば有能な「事務処理部隊」がいると、より良い組織になるでしょう。

どんな組織でもそうですが、ラインといわれ、トップに上り詰めるのはゼネラリストたちで、スタッフである専門家は企業や組織の経営陣に加わる率が、総じて低いものです。

企業規模にもよりますが、ゼネラリストを目指すのか、スペシャリストの道を歩むのかといった選択を迫られる機会も、会社勤めの立場にとって、遅かれ早かれやって来ます。そこでどちらを選ぶにせよ、最も大切なのは、自己の適性を見極めた上で決断することです。肩書やカッコ良さにこだわって選ぶのは、愚者の行いです。

ちなみに僕は、政党スタッフとして「プロの黒子」に徹してきました。それが自分の性格や能力に合っていると確信していたからだし、専門バカが誇りでもありました。

専門バカというより、政治バカかもしれません。

3 もしもあなたが社長だったら？

僕はたまに、『太田総理』（正式名称『太田光の、もしも私が総理大臣になったら…秘書田中』）というテレビ番組に出演しています。

タレントや芸人、文化人や現職の国会議員が「議員」となり、主に総理大臣役の爆笑問題・太田光が提案する「マニフェスト」を議論、最後に賛否を問うという、いってみれば政治をテーマにしたバラエティー番組です。

友人や知人の中には「あまりバラエティーなんかに出ないほうがいいよ」というアドバ

イスをくれる人もいますが、それでもスケジュールが空いていると、時々出演しています。その理由は、結構考えさせられるというか、意外と勉強になるからです。

確かに出てくるマニフェストの中には「たとえ秘書がやったことでも偽装献金を受けた政治家は辞めてもらいます」という正論もあれば、「新政権（鳩山政権）が赤字を出したら民主党全員に自腹で払ってもらいます」とか、「出しゃばり過ぎるので小沢幹事長には（議員）辞職してもらいます」といった、真面目に考えると滅茶苦茶なマニフェストも少なくありません。

正論はもちろん、暴論風のマニフェストですら常識にとらわれ過ぎていて、実は当初、バカにしていたのですが、「よく考えてみると、そういう考えも成り立つかもしれない」と思ったり、出演者間で議論しているうちに思わぬヒントをもらったり、これまで気付かなかった視点を見つけたりといったことも多々あります。

たとえ冗談半分にせよ、あるいはテレビ番組における演技（演出）であるにせよ、その立場になってものを考えてみるというのは、大切な行為だと思うのです。

僕自身、政治の動きや重要政策に関する評価について、原稿を書いたりテレビでコメントしたりする中、無意識のうちに「自分が〇〇党の党首だったら、ここは追い込みどころなのに」「自分が総理だったら、こんなバカみたいな方針は撤回するのに」などと考えているることも少なくありません。

だからたまには「もしも自分が社長だったら」と考えてみてください。

どうせ社長なんてなれっこないし、といったつぶやきが聞こえてきそうですが、ちょっと待って。ここで重要なのは、あなたが社長になれるかどうかではなく、「社長の立場に立って物事を考えられるかどうか」という点です。

意識的に幽体離脱して、つまり自分から離れて（＝俯瞰《ふかん》して）社長の立場に身を置くことで、自分を含めた組織全体を上から眺めることができれば、そこに全く違った風景が広がっていることが認識できるはずです。

そう考えることで、自分の中にいわば「大局観」が生まれます。

大局観が生まれれば、自分が今、その組織でどういうポジションにあり、何が求められているのかといった事実が正確に見えます。また組織のどこに問題があり、どうすればそれを修正・解決できるのかといった視点も生まれます。

「全員経営」という言葉は松下幸之助さんの名言ですが、自分も経営者の一員として

（経営者の視点で）、自社の戦略を考えることができれば、社内での評価が上がることはあっても下がることはありません。

酒の勢いを借りて「俺が社長になったらなぁ」と大言壮語《たいげんそうご》し、同僚同士で上司や経営陣の悪口大会を開いても、何も改善しないのです。

4　ビジョンという名の「共有力」を武器にせよ

白水社や筑摩書房から出版されている『大衆の反逆』という本があります。

この本は政治学の分野における名著であり、執筆したオルテガ・イ・ガセットという人は、スペインの哲学者にして政治思想家です。一般の方は、ほとんどご存じないと思いますが、彼（この本）を知らない政治家や政治学者は、「もぐり」といわれても仕方がありません。

そのオルテガが残した言葉の一つに、こんなのがあります。

「ビジョンを持たずして権力を求めるものは、非道徳的である」

この言葉を当てはめると、さしずめ日本の現役政治家の大半は「非道徳人間」ということになります。それはさておき、僕がいいたいのは、ビジョンについてです。

個人、あるいは政党をはじめとする一定の組織がリーダーシップを発揮して、国民を引っ張っていこうとする時、何より大切なのがビジョンです。ビジョンなしに、多くの人間を結集させることは不可能であり、大きな期待の中で誕生した民主党政権が迷走を続けているのも、ビジョンがないからにほかなりません。

この政権にあったのは、「政権交代」という権力奪取の欲望だけで、いざ権力の座に就いてみると、目指すべきビジョンを構築していなかったことに気付いた…口が悪いかもしれませんが、僕にはそうとしか見えません。「いや、マニフェストがある」という声も聞こえそうですが、あれは単なる個別政策に関する公約です。それらをすべて実現した先に設定されていなければならない「ゴール」という名のビジョンが、実はどこにもないからこそ、政権は迷走を繰り返しているのではないでしょうか。


ビジョンは何も政界だけのものではありません。

学校、会社、コミュニティーでも、とにかくそこに所属しているメンバーを結集させ、それをパワーへと転化し、目標に向かって協力しながら進むためには、リーダーが掲げるビジョンが必要不可欠です。

ただし、ビジョンは何でもいいというわけではありません。

どんなに立派なビジョンを掲げても、それだけで人が共感するわけでも、ついてくるわけでもないからです。みんながそのビジョンを「共有」しようと思わなければ、何の意味もありません。つまり、多くの人に「共有意識」を抱かせる力を持つ人だけが、本当の意味でのリーダーになる資格があります。

その「共有力」とでも呼ぶべきものは、どうすれば獲得できるのでしょうか?

普段、誰からも評価されていない人間が、いきなり「みんなでこのビジョンに結集しよう」と叫んだところで、誰も付いていきません。だから、まずは本人の「人間力」が必要です。

その上で不可欠なのが、ビジョンの中身でしょう。

誰が見ても実現不可能な絵空事では話になりませんが、ある程度の夢やロマンがなければ、関心を持たせることはできません。

そこに、①明快であること、②簡潔であること、③説得力があること、④独創性があること、⑤大勢の想像力を刺激する中身であること、などを盛り込んでいれば、スタートラインまではたどり着けます。

そして大事なのは、そのビジョンの実現に、全力で取り組もうとする気持ちです。人間というのは、本気のリーダーに共鳴し、そんなリーダーの思いを共有しようとすることを、忘れないでください。

5 相手の立場が変わっても、自分のスタンスは変えるな

某中央省庁のキャリア官僚と親しくなり、時々一杯やる関係だったことがあります。当時、彼は四〇代前半、役職は課長。トップを走っているとまではいえませんが、同期では出世が早いほうで、いずれ局長になるとの評価もあった人物でした。

そんな彼と、例によって「一杯やろう」と約束していたある日のこと。お昼ごろ彼から「申しわけありませんが、今日の予定はキャンセルしてくれませんか」という電話がありました。「どうしたの?」と尋ねると、「実は今日、人事異動の内示がありまして…関連組織に出向することになりました」と話します。

で、こちらが「じゃあ引き継ぎなんかで忙しいから、しょうがないね」と答えると、

「別に忙しくはないんですが…」。「なら予定通りやろうよ」と話し、その夜、一杯やることになったのです。

飲み始めて一時間くらい経ったころ、突然彼が「本当にありがとうございました」といいながら、ボロボロと涙を流し始めました。何のことやらわけが分からず、「どうしたんだよ」と聞くと、彼はこう答えました。

「伊藤さんは、僕がキャリアで出世コースに乗っているから付き合ってくれていると思っていました。でも今日、僕が事実上左遷されることになったのに、これまでと同じ態度で接してくれました。それが嬉しくて…」

左遷されたはずの彼でしたが、詳しい事情はさておき、その後、見事に本省の出世ルートに戻り、今や局長目前です。彼はこの「涙ボロボロ」事件以来、すっかり僕のシンパになり、今では「何かあったら、いつでもいってください。伊藤さんの依頼なら何でもやります」といってくれます。

なぜ、彼はその夜、泣き出したのでしょうか？

一つは、キャリア官僚特有の「出世至上主義」にあることは間違いありません。

もう一つは、たまたまにせよ絶望の淵にいた彼にとって、僕の「予定通りやろうよ」というひと言が、嬉しかったのでしょう（予定が飛んでしまうと暇になってしまうからというのが本心でしたが）。

社会人は、社内外の人たちとの付き合いが、否応《いやおう》なく発生します。そんな人間関係において最も大切なことの一つが、「人と付き合うこと」です。

妙ないい方に聞こえるかもしれませんが、世の多くの人は人と付き合っているつもりで、実はその人の「肩書」や「会社」と付き合っています。相手を見ているつもりで、相手の背後にある地位、立場、権限にフォーカスしています。

相手の地位や立場、権限が変化すると、付き合い方が変わる人は少なくありません。はっきりいえば、自分にとって利用価値がなくなった相手とは付き合いをやめるか、これまで見上げていた相手を逆に見下すようになるわけです。

でもそんな態度は、必ず自分に跳ね返って来ます。不思議なくらいに。

中国の故事成語に、「錦上添花《きんじょうてんか》　雪中送炭《せっちゅうそうたん》」というものがあります。華やかな場がさらに華やぐような献花をしてくれる人ではなく、厳しい冬に暖をとるための炭を送ってくれる人を大切にしなさい、という意味です。

誰しも、追い風で楽な時代があれば、逆風に見舞われる時代もあります。

あなたが苦境に陥った場合、仲間や友だち「だったはず」の人のうち、かなりの数の人があなたから離れます。逆に、それまであまり親しくなかったはずの人が、親身に支えてくれることもあるでしょう（何らかの意図を持つ可能性も否めませんが）。

もし、あなたが立派に復活を遂げ、追い風や成功を手に入れた時、離れた連中は何食わぬ表情で再び近付きますが、そんな連中を相手にしますか？

常識（というかむしろ良心）のある人なら、そんな連中ではなく、不遇な時を支えてくれた人たちと手を組むはずです。

その人の立場がどんなに変わろうと、たとえ復活の可能性が少ないとしても、同じ態度で付き合い続けること。周囲は必ず見ています。変わらぬ態度で付き合い続けると、その相手につながる様々な人たちから、あなた自身がやがて信頼を勝ち取ることになります。

これこそ、すべての成果へとつながる、人としての信頼です。

あとがき

そもそも、本書のようなテーマの本を書く気はありませんでした。自身の過去をどんなに丁寧に振り返っても、およそ他人様《ひとさま》に対して「こうすべきだ」「ああすればいい」などと偉そうに御託宣《ごたくせん》を垂れることができるような人生を歩んでいないことは、誰にいわれるまでもなく、自分が一番良く分かっています。

最近、たまに「色紙を書け」といわれる場面に出くわします。大変な悪筆で、周囲からは「人前で字を書くな」とまでいわれているだけに、ほとんどは丁重にお断りしていますが、中には断りきれないケースもあります。仕方なく書くことになり、ある時、ハタと気が付きました。僕にはおよそ「座右の銘」などなく、気のきいた警句の一つでも思いついたためしがないのです。

とはいえ、せっかくの色紙に名前だけ書くのは芸がなさすぎます。その時、苦し紛れに思いついた言葉が「人生は弾みだ」でした。

政治の世界に足を踏み入れたのも「弾み」なら、その後、約三〇年にわたって永田町（中央政界）に身を置き、合計五つもの政党を渡り歩いたのも、結局は「弾み」だったような気がします。

政治の世界では政党の事務局という、いわば「裏方」を歩き続け、自分の人生は最後まで人目につかない裏街道を歩き続けることになるだろうと思っていたのに、気が付くと、なぜかテレビカメラや人前で喋ることの多い、今の仕事に…。

これもまた、考えた末というよりも「弾み」で踏み込んだ世界です。


というわけで、本書を書くことになったのも、やはり「弾み」だったとしか説明のしようがありません。ただ、自身の過去の「弾み」による転身、決断、選択のすべてに共通しているのは、その時に「弾みが付いていた」ことです。

ものの弾みという表現からは、「うっかり」「たいして考えもせず」「調子に乗って」という印象を受けます。確かにそうした面も否定できません。でも逆にいえば、「弾み」もないのに決断、選択するほうが、よっぽど難しいのではないでしょうか？ もっといえば経験上、重大な決断を迫られた時に「弾み」が付いていなかったら、その判断は先送りにしたほうがいいと思います。「弾み」を「勢い」といい換えると、より分かりやすいかもしれません。

就職・転職、結婚、自宅の購入…人生には何度も、選択や決断を迫られる場面がありま す。その時に大切なものの一つが、「勢い（＝弾み）」であることは間違いありません。そういえば、渋々下した判断が結果的に大成功だったという話は、あまり聞いたことがありません。

で、「弾み」で引き受けてしまった本書の執筆に当たって、僕が特に若い世代にプレゼントできるものや考え方、知ってて損はないよといったある種の生活の知恵って何だろうと考えたら、答えは一つしかありません。約三〇年間にわたって身を置いてきた、あの「人間動物園」とでもいうしかない政界での経験から学んだことを公開することです。

本書では、その永田町経験の中でも、情報という面に特化して書いてみました。参考になるでしょうか…すべては、あなた次第です。

最後になりましたが、いつの間にか本書を書かざるを得ない状況＆心境に追い込んでくれた（？）、ビジネス社の瀬知洋司氏にはお礼を、「弾み」でここまで読み進んでくれた皆さんには感謝の気持ちを。

伊藤惇夫

[著者略歴]

伊藤惇夫（いとう・あつお）
１９４８年神奈川県生まれ。学習院大学法学部卒。１９７３年から自民党本部に勤務、１９９４年退職。１９９５年新進党本部総務局企画室長、同１９９６年退職、太陽党事務局長に就任。民政党事務局長を経て、１９９８年より民主党事務局長。２００１年末に同党退職後、政治アナリストとして執筆、講演、テレビ・ラジオの出演等の活動へ。主な著書は『政党崩壊』（新潮新書）、『永田町「悪魔の辞典」』（文春新書）、『永田町の回転寿司はなぜ二度回らないのか』（小学館）、『民主党　野望と野合のメカニズム』（新潮新書）など。

情報を見抜く思考法

2010年７月６日　　第１刷発行

著　者　　伊藤惇夫
発行者　　鈴木健太郎
発行所　　株式会社ビジネス社
〒105-0014　東京都港区芝3-4-11（芝シティビル）
電話　03(5444)4761（代表）
http://www.business-sha.co.jp

カバーデザイン／八柳匡友
本文デザイン／創生社
印刷・製本／日経印刷株式会社
〈編集担当〉瀬知洋司　〈営業担当〉山口健志

ISBN978-4-8284-1594-9